本书系全国教育科学"十三五"规划单位资助教育部规划课题"高中'学科哲学'建设与学科核心素养培养"（课题批准号：FHB160527）研究成果

大夏书系·学校领导力

建一所有哲学追求的学校

陈燎原 著

华东师范大学出版社
全国百佳图书出版单位
上海

图书在版编目（CIP）数据

建一所有哲学追求的学校 / 陈燎原著 . —上海：华东师范大学出版社，2021
ISBN 978－7－5760－1892－9

Ⅰ.①建 ...　Ⅱ.①陈 ...　Ⅲ.①中小学教育—教育管理　Ⅳ.① G630

中国版本图书馆 CIP 数据核字（2021）第 112063 号

大夏书系·学校领导力

建一所有哲学追求的学校

著　　者	陈燎原	
策划编辑	林茶居	
责任编辑	万丽丽	
责任校对	杨　坤	
封面设计	奇文云海·设计顾问	

出版发行　华东师范大学出版社
社　　址　上海市中山北路 3663 号　邮编　200062
网　　址　www.ecnupress.com.cn
电　　话　021－60821666　行政传真　021－62572105
客服电话　021－62865537
邮购电话　021－62869887　地址　上海市中山北路 3663 号华东师范大学校内先锋路口
网　　店　http://hdsdcbs.tmall.com

印 刷 者　北京密兴印刷有限公司
开　　本　700×1000　16 开
插　　页　1
印　　张　15
字　　数　245 千字
版　　次　2021 年 7 月第一版
印　　次　2021 年 7 月第一次
印　　数　6 100
书　　号　ISBN 978－7－5760－1892－9
定　　价　49.80 元

出 版 人　王　焰

（如发现本版图书有印订质量问题，请寄回本社市场部调换或电话 021-62865537 联系）

目　录

序：“爱拼才会赢”——向一位有哲学追求的校长致敬　　　/1

导言一：建一所有哲学追求的学校　　　/7

导言二：作为教学方法论的“学科哲学”——答《教师月刊》问　　　/19

第一辑　我的教育主张

办学理念的建构　　　/3

“学生第一”与规划管理　　　/7

“四特生”培养：让每个学生梦想成真　　　/13

年级素养梯度目标的设计　　　/19

我的人才观　　　/23

答问：有关教育主张　　　/25

第二辑 我的教学追求

学科哲学初探 /31

学科哲学随想 /38

学科哲学的几个理路 /43

概念教学例说 /47

"知识"随想 /51

守护心中的哲学明灯 /56

学科哲学与美育 /62

晋江一中学科哲学建设纲要 /70

第三辑 我的行动策略

学校建设:"五校五园"与特色学校 /83

文化自觉:道德教育与制度规范 /88

课程改革:以生为本与统筹规划 /93

课堂建设:讲演故事与教学重建 /97

校园文化:文化故事与个性发展 /104

教师评价:绩效考评与共同发展 /108

家长学校:校本课程与家庭教育 /118

家庭书房:书香家庭与"文化闹钟" /121

第四辑　我的办学故事

初为人师　　　　　　　　　　　　　　　　　　　/127

　　地图加棍子：我的第一堂历史课　　　　　　　/127

　　溜旱冰：厕所班的故事之一　　　　　　　　　/129

　　流动红旗：厕所班的故事之二　　　　　　　　/131

　　难办的学风：厕所班的故事之三　　　　　　　/133

金山岁月　　　　　　　　　　　　　　　　　　　/135

　　那一年，我25岁　　　　　　　　　　　　　　/135

　　从自己做起　　　　　　　　　　　　　　　　/136

　　我来把守校门　　　　　　　　　　　　　　　/138

　　家长会开进村子　　　　　　　　　　　　　　/139

侨声年华　　　　　　　　　　　　　　　　　　　/141

　　从"扫盲员"到"集资人"　　　　　　　　　/141

　　遇见叶双马　　　　　　　　　　　　　　　　/144

　　从"述而不作"走出来　　　　　　　　　　　/145

　　"特长"与"特色"之辩　　　　　　　　　　/146

　　星星之火，可以燎原　　　　　　　　　　　　/147

　　以梦为马，不负侨声　　　　　　　　　　　　/150

石鼓征程　　　　　　　　　　　　　　　　　　　/152

　　谁是校园里最幸福的人　　　　　　　　　　　/152

　　卡片上的赞美文化　　　　　　　　　　　　　/153

　　庄清海老师的故事：复仇记　　　　　　　　　/153

　　"我的快乐，我的烦恼"　　　　　　　　　　/154

《苦笋赋》 /156

石鼓山故事 /157

附：教师的故事

校长的"茶道" /159

八个笔筒 /161

"志谦，都安顿好了吗？" /162

第五辑　我的课程实践

课程（一）　石鼓景园 /167

"石鼓景园"文化作品征集活动方案 /167

"石鼓景园"诗文集序跋 /171

"石鼓景园"手绘明信片画集前言 /174

附：学生作品举隅

邀　月 /176

摘星之境 /176

南面有门，名曰南开 /177

躬读·轮回 /178

鼓浪远影 /180

石鼓六亭 /181

摘　星 /182

听雨亭 /182

课程（二）　大楼命名 /184

解读："我和大楼" /185

校园夜话：在初中部大楼命名仪式上的演讲 /187

思想的黄金：在高中部大楼命名仪式上的演讲

/190

有感于"我和大楼的故事"征文活动 /192

文集《我和大楼的故事》前言 /193

文集《我和大楼的故事》后记 /195

附：师生作品举隅

细品"众言堂" /197

42步 /198

智从日知来 /200

"日知"之思 /201

攀登 /203

一张卡纸 /204

博贤楼 /205

序：
"爱拼才会赢"——向一位有哲学追求的校长致敬

林茶居

作为闽南东山人，自小就常常听到一句话，"爱拼才会赢"，大人用它来教育小孩的，意思是要抱定信念，努力奋斗，不怨天尤人，这样才能"赢"得人生，"赢"得未来。

这句话的源头，我无力考证——或许也是无法考证的。不过，它如何产生，如何传播、流行，又是如何融入到公共生活当中，实在是一个很值得想象和思考的语言（文化）现象：毫无疑问，在这个过程中，有一首歌起到了推动、助燃并引发广泛而深刻认同的关键作用，即闽南语歌曲《爱拼才会赢》。

如果我没有记错的话，《爱拼才会赢》应该是步邓丽君和琼瑶之后，作为台湾文化元素，于 1980 年代后期进入大陆（首先是闽粤）的。它们共同参与了我的青少年生活——如果说邓丽君适合于月下低吟，琼瑶适合于午后静读，那么，《爱拼才会赢》既适合于旷野上嚎叫，也适合于广场中干吼："三分天注定，七分靠打拼，爱拼才会赢……"其歌词的意涵，其曲调的情绪，正契合了那个年代海峡两岸社会大众的心理需求——海峡这边，改革开放风起云涌；海峡那边，进入了经济发展的新阶段。因为具有强大的普泛性，这首歌被反复录制、改编、重唱，以电影配乐、电视连续剧主题曲、音乐会曲目、手机铃声等形式，迅速传遍全球。大概率地，有华人的地方，就有《爱拼才会赢》的词（唱、说）与调（哼、和）。

陈燎原校长是闽南晋江人，和我同龄，想必，他的童年也有"拼"和"赢"的教养氛围，他也可能在某个场合，手执话筒深情地唱："人生可比是海上的波浪，有时起，有时落……"回想起 2005 年年初，我以福建教育编辑部副主任的身份，从福州到晋江采访侨声中学校长任上的陈燎原时，怎么就没设计相关的话题，请他聊聊怎么"拼"，如何"赢"，感觉有点遗憾。不过，我还是从他的身上，感受到晋江人的拼劲和晋江教育人的韧劲。

那是我们的第一次见面。在他的办公室，他讲侨声中学所在原是郑成功收复台湾时的一个扎营地，他讲学校是怎样在一片遍布一万多座荒冢的野地上建起来的，他讲怎样一次次拜访乡贤、校友募集来 8000 万元的新校园建设资金，他讲怎样乘势而为成立了八个基金会使全社会助教助学助发展成为长效机制，他讲"培养有现代教养的中学生"的办学理念是怎样确立的，他还讲了很多教师、学生和家长的故事……短短四五年时间，原为"省三级达标中学"的侨声中学跻身"省一级达标学校"的行列。笃定，坚毅，认准目标即开掘、吸纳一切有效资源，全力以赴……这是当时陈燎原给我留下的印象。

此前，25 岁时，陈燎原被任命为一所乡村初中校——金山中学的校长。那时晋江经济社会大抵还处于起步阶段，教育投入十分有限。这位仅有五年教龄的校长，首先要解决的不是课程与教学这些专业工作，而是诸如挖井、平整操场、扫除青壮年文盲这样的"社会性"事务，甚至，他还要面对金山中学施教区内两个村子的历史宿怨和宗族矛盾给教学秩序、学生安全带来的冲击。我们闽南有一句土话叫"校长兼校工，教书兼打钟"，说的大概就是陈燎原这样的校长。这位"少年家"，不仅善于站好讲台，还勇于走下讲台，走进村落，与村民们、家长们打成一片。凭着对乡村发展的满腔热忱和照章办事的规则意识、照规律办学的教育智慧，他实现了自己的承诺："一年打基础，两年上台阶，三年出成绩。"

我想，六年金山中学校长的经历，为陈燎原思考培养什么样的人和怎样培养人这些最根本的教育问题，积累了丰富的案例和具体的数据，也为他后来形成自己的办学理念、治校方略，提供了结实的支点和深刻的启发。一位能够办好一所学校的优秀校长意味着，他不仅懂教育，还懂社会，更懂人心——当然，话说回来，不懂人心，怎么会懂教育呢？

2007 年，陈燎原从侨声中学调任晋江一中校长。也是在那一年，我加盟华东师范大学出版社。对我们来说，这都是职业生涯的重要节点。据我后来的了解，在这所创办于 1952 年的县城完中，作为新任校长，陈燎原注重传承，恪守"诚严勤毅"四字校训，并基于新的社会大势和教育大局，在教与学这一最为核心的关系上进行拓展性诠释和重新定义，是为"学生第一"。牵一发而动全身。他和班子成员、全体教师一道，通过制度建设、课程创生、教学改革、教育科研、文化再造，将这一属于晋江一中的新的教与学的关系文化（即"学生第一"），落实到立德树人、教书育人的各个环节、各个层面。

从第一个五年规划提出的"抓提升，鼓士气；抓建设，求发展；抓队伍，上质量；抓特色，树品牌"的目标，到第二个五年规划提出的"做百年名校的奠基者"的倡导，从为了学生更好地自我实现的素养梯度目标的描述，到为了教师更好地共同发展的绩效考评机制的探索，从"学科哲学""文化故事"的螺旋式、全方位实践到"哲学治校""建一所有哲学追求的学校"的理想确立，都可以看出，陈燎原既着力于顶层设计，也倾注于中层规划和底层建构。

如果有一门科学、一套理论叫作"学校学"的话，那么它至少包含三个维度的价值考量和制度设计：其一，时间之维，即尊重历史，关注当下，朝向未来；其二，空间之维，即学校既能做好内部教育教学工作，也与家长、与社会形成对话、合作的关系；其三，文化之维，即有关办学的思想、理念、话语、符号、工具等。同时，此三者之间，交互而共同地产生积极、可持续的作用，支撑、保证一所学校的健康发展。从晋江一中的身上，我看到的正是这样的一个完整的"学校学"模型。

就文化之维而言，无疑就是晋江一中的"哲学追求"，就是它对专业理性、专业逻辑和学科思维、学科精神的追求。作为策划编辑，给这本书取什么书名，我最初的意见是，就叫"爱拼才会赢"，然后加一个副书名，以提示地域、作者身份等信息，陈燎原似乎不是太认同，但可能是出于对一个编辑的尊重，没有明确反对，只是表示可以作进一步探讨。在后来的一次沟通中，他委婉地表达了自己的想法：就以"建一所有哲学追求的学校"这一办学理念式的话语作为书名。

或许，我的"拼赢"情结太浓。我似乎很难跳出"爱拼才会赢"这一极具乡土气势和地域趣味的语境，来建构理解闽南的"背景知识"和"背景情感"。不知陈燎原是否知悉，《爱拼才会赢》的词曲作者、台湾音乐人陈百潭先生，祖籍正是晋江。我无缘当面向陈百潭先生求教，这首正式发行于 1988 年的歌是如何写出来的，但从艺术创作的规律看，"爱拼才会赢"的立意和表达，应该与其家族传承、父辈教养有关，或者说，他是在口耳相传的"爱拼才会赢"的文化熏染之下成长的。所谓灵感，似乎空幻、虚稀，其实和一个人的记忆、经历、经验密不可分——如果说前者是一棵树，那么后者正是其深深扎根并由以而生而长的土地。

晋江地属泉州，泉州系闽南金三角之一，另二"角"为厦门、漳州。三地民众，或因战火，或因天灾，或为经商，或为寻亲，都有下南洋、过大员（大员，台湾古称，原指台湾南部的一个海岸沙洲）的苍茫往事。这种漂洋过海乃至开疆拓域的勇气和经历，恰恰是"拼"字的最好诠释，纠缠其中的是那种"不拼哪会赢"的人生执念。

新的时代，闽南人早就告别了这种离乡离土的生活，但"拼"的精神，"爱拼才会赢"的文化——有人视之为闽南精神、闽南文化，依然生生不息，勃勃而更具活力。就我个人的切身体会而言，这种精神和文化，在今天的泉州、今天的晋江，体现得尤为淋漓。这不仅反映在那些可以量化的指标上（多年来，晋江的经济总量一直稳居全省各县域首位；2002 年 8 月，时任福建省省长的习近平同志在《人民日报》上发表了文章《研究借鉴晋江经验 加快县域经济发展》；2020 年，泉州 GDP 跨过万亿大关，成为全国 23 个"万亿城市"之一），更反映在经济转型、科技创新、民生改善、教育建设等方面，简而言之，即为社会发展的结构性优势。

这样的"拼"，绝非使蛮力，绝非不计代价、不计后果的"奋斗"，亦非粗放的、唯速度和效率的"前进"。正所谓，发展就是硬道理，"发展也要讲道理"（吕型伟语），发展还要讲伦理。所以，它必然充满智慧与创造，是朝向"伟大事物"的"拼"，是为了共同发展（不止于共同富裕）的"拼"，而且，越"赢"越"拼"，而不是小富即安。这也就带来了一个问题："赢"了以后，做什么？他们的先辈，每每"打拼"成功，便回馈乡里，助学助教助社会建设。而就教育自身说，自然不能以"赢"作为核心概念

建一所有哲学追求的学校

和评价标准。从这些年的高考来看，晋江一中都贡献了很好看的数据；前不久，福建省科协、福建省教育厅联合发布了《2021年福建省中学生"英才计划"入选学生名单》，计70人，其中晋江一中学生有6人——据介绍，该计划系中国科协和教育部自2013年开始共同组织实施的中学生科技创新后备人才培养计划，旨在选拔一批品学兼优、学有余力的中学生走进大学，在自然科学基础学科领域的著名科学家指导下，参加科学研究、学术研讨和科研实践。

从历年高考这个"面"和"英才计划"这个"点"看，晋江一中确实"赢"了，但是，这仍然无法概述它的全部，它们都不过是正确的办学理念、健康的办学方式的"副产品"，可谓水到渠成，树长荫成。其背后，是晋江一中的哲学追求并由此而初步形成的哲学精神和哲学气质。

如果说，科学的思考、研究可以针对某一领域而进行，那么，哲学的思考、研究必须朝向并围绕事物（世界、人、文化……）的整体而展开。这可能就是两者的最大不同。在教育的语境里，哲学如此发生：追问，怀疑，反思。它们可能在价值观的意义上呈现为某种精神趣味，也可能在方法论的层面上发挥实践作用，更可能在"推进教育治理体系和治理能力的现代化"的过程中生发源源不断的思想营养。总之，一所学校的哲学追求，至少体现为一种超越性的思辨力和不粘滞于"生计"的更新力——落实在教育教学上，大致可以描述为：问题意识与价值关怀；如果不忌惮于有机械二元论之嫌的话，或可说：问题高于答案，价值理性优先于工具理性。

大概，鸟雀不会出租天空
大概，草木不会贩卖新绿

一条路分开了快与慢，重与轻
脚到心到。就像风习惯了耕田、织布
时光原谅了晨读者的迟缓

如今顺着书籍的河流
在两岸建设自己的屋子、小镇、校园

作为自己的劳动委员
早春发表了开学的演说
这爱的一课，从健美操开始："1，2，1……"
（引自拙作《新年词》）

　　此刻，我最想说的是，向一所有哲学追求的学校致敬，向一位有哲学追求的校长致敬。
　　是为序。

林茶居

2021 年 2 月 22 日完稿于教师月刊工作室

导言一：
建一所有哲学追求的学校

作为一个晋江人、一个晋江教育人，我无法绕开一个重要文献，即2002年8月时任福建省省长的习近平同志发表于《人民日报》的文章《研究借鉴晋江经验　加快县域经济发展》。文章明确指出："只要是有利于解放和发展社会生产力的，就要在实践中大胆去闯去试。"教育当然也是一种社会生产力，一种特殊的社会生产力，它通过服务学生的成长和发展，在帮助和促进学生实现人生价值的同时，为国家发展、社会进步提供源源不断的人力支持和智慧保障。

"在把握办学方向的前提下，我的本职是服务师生，抓好协调，承担责任。"2007年8月，我履新晋江市第一中学，在任职发言时说了这样一句话。现在来看，这句话的意义还在，但内涵丰富了，外延扩大了。如何"把握"，如何"服务"，又该如何"协调"和"承担"？为什么必须这样而不是那样"把握"，为什么一定要这样而不是那样"服务"，又为什么应该这样而不是那样"协调"和"承担"？对于这些问题的思考和实践，伴随着我这十年的办学经历和这十年当中的观念变革。

教育要有新常态，教育也要坚守其本质内涵。这就是说，教育在主动应对各种社会经济文化环境的变化而作出积极改变的同时，必须牢牢把握自身规律，包括学生身心发展规律、教师专业成长规律、教学意义生成规律、课堂价值呈现规律、学校及学校各级组织的运行规律，亦即人、事、物三方面的规律。所以，我任职后的第一个五年，立足晋江市第一中学过去五十几年的办学历史、办学经验，确立了这样的学校发展思路：抓提升，鼓士气；抓建设，求发展；抓队伍，上质量；抓特色，树品牌。基于第一个五年的主要成效，针对第一个五年的发展问题，第二个五年的目标则凝聚为一句话：做百年名校的奠基者。贯穿于这两个五年乃至一直到今天的，正是随着时间的推移而越来越清晰的"哲学治校"的总体方略。

为什么要"哲学治校"？或者说，为什么要在学校管理、学校文化当中引入哲学精神和哲学思维？我认为，这有助于我们的教育培植专业理性，建立专业逻辑，完善专业制度；有助于教师提升追问、反思的意识和能力，强化专业自信和专业判断力；有助于学生培养学科思维的习惯、方法和品质，形成自主、诚信、讲道理的人生态度，具备独立思考、逻辑推理、提取和处理信息等能够支撑终身发展、适应时代变化的关键能力，学会自我实现和参与公共生活。我非常认同哲学家、教育家杜威的一个观点——"哲学……可以被定义为教育的一般理论"，这就是说，教育应该也可以从哲学那里寻求思想资源、理论依据和思维方法。将哲学作为"教育的一般理论"，目的就是为了把各种教育问题、课程问题、人的成长问题、教与学的问题都转化为充满智慧的探究和行动，为教育本身灌注理性之美和创造之活力。这也就是我理想中的一所学校的哲学追求。

一、凝铸核心力量

长期以来，晋江市第一中学努力践行"诚、严、勤、毅"四字校训，将之作为凝聚各方面积极因素的共同信念，落实到教书育人的各个环节、各个层面。2008 年，基于新的社会形势和教育大局，我们进一步诠释四字校训并进行重新定义，确立"学生第一"作为核心理念，以重建学校文化，培育核心力量。

所谓"学生第一"，首先嵌入了校名"晋江市第一中学"当中的"第一"，即"我是第一中学学生，一中以学生为首位，一中学生素质优秀，一中学生追求卓越"，这是其基本内容。从教育学的角度说，"学生第一"将学生置于学校首位，学校各项工作都围绕学生、为了学生而展开；从教育心理学的角度说，"学生第一"体现了对学生及学生个性差异的尊重和理解，对学生及学生学习、成长过程的引导和激励；从教育社会学的角度说，"学生第一"确认了学生的权利主体、责任主体地位，但并不同时意味着"教师第二"，它不是一个次序概念、等级概念；从教学活动的角度说，"学生第一"强调学生研究、学习研究和学情分析，突出以学定教、以学评教，建立以学生发展为本的新型教学关系和新型评价机制。而在"哲学治校"的语境中，"学生第一"也是一种价值观和方法论，一种思维方式和评价标准；从办学模式到环境设计，从课程规划到制度建设，从教师研训到教学过程，从校园生活到社会活动，都以之为出发点和归宿。

由此，"学生第一"便成为学校的思想引擎，学校所有的人、事、物都成为驱动这个引擎的力量。在这一思想引擎的带动下，一系列核心话语、核心制度、核心方法、核心工具不断创生。它们构成了核心生产力，共同担起培育和实践社会主义核心价值观的使命，共同负起教书育人、立德树人的责任，共同指向学校的育人目标：培养负责任、有作为的现代公民。

二、建立话语系统

作为一种形而上的存在，理念及理念体系是隐藏在现象和事件背后的，它必须通过一以贯之的实践，结合学校在不同时期的中心工作，逐步转化为一系列明晰的概念和通俗易懂的话语，与教师的教学、学生的学习等校园生活产生具体的关联，并在这个过程中不断创生新的概念、新的话语、新的命名故事，才能更好地获得认同，产生效应。

（一）学生发展话语系统："三会三自""三会三高"

所谓"三会三自"，即会做人、善自主，会学习、讲自觉，会生活、懂自理。这是初中学生的发展目标。所谓"三会三高"，即会做人、高素质，会学习、高质量，会生活、高品位。这是高中学生的发展目标。从初中阶段的"三会三自"到高中阶段的"三会三高"，体现了不同要求，符合人的发展的层次性和渐进性，也符合教育在促进人的发展上的针对性和整体性。同时，它们都着眼于做人、学习、生活三个方面的协调发展，关注三者的彼此关联和交互作用；把每一位学生都作为完整的生命主体，而不只是单一的认知主体；既重视人的成长的吸纳机制，又重视人的发展的动力机制。

从哲学的角度看，作为学生发展话语系统，"三会三自""三会三高"渗透了全面发展观和整体育人观，体现了对学生主体地位的尊重、对学生主动发展的激励。

（二）教师教学话语系统："三问三解""三进三出"

"三问三解"指向教学全过程。它基于具体的教学目标（包括学年目标、学期目标、学段目标、周目标、每节课的目标等），在备课、上课、练习、作业、复习、考试等环节，都强调落实对某种或某类知识（现象、道理、规律等）"是什么""为什么""怎么样"的讨论和追问，使学生"知其然""知其所以然""知其意义与价值"，引导、促进学生培养问题意识、探究习惯和创造精神，形成有效的学习方法、思维方法和应考方法，不断提升搜集、整合、提炼、加工、转化关键信息的能力。

"三进三出"指向教学评价。它融通了相关政策及文件精神，特别是晋江市教育局 2008 年出台的《关于加强普通高中教学管理提高教学质量的意见》，对其中所提出的"看起点、比进步、论贡献"的评价激励机制作进一步的拓展，确立了"低进中出，中进高出，高进优出"的目标。在这个基础上，制订《晋江市第一中学教师教学绩效考核方案》，实施"成绩标准差等级制"模式，从尊重学生差异、服务学生差异发展和多元发展出发，明确评价主线、完善评价结构、细化评价指标、建立评价模型、开发评价工具，用数据说话，重视数据的采集和分析，发现数据背后的问题和规律，既服务于教学质量分析，又服务于教学问题诊断，使教学评价真正起到调整教学、改进教学、优化教学的作用。

（三）学校建设话语系统："五校五园"

不管是学生发展还是教师的教学活动，都是在整个学校建设的框架内进行的。在这个层面上，我们努力贯彻、认真落实新课程改革和《国家中长期教育改革和发展规划纲要（2010—2020 年）》的精神，于 2010 年 6 月正式提出推进"五校五园"建设的"行动改进计划"。

"五校"即理念治校、质量立校、科研兴校、名师引校、特色强校，"五园"即平安校园、绿色校园、文明校园、文化校园、和谐校园。"五校"是观念、方法、途径，"五园"是方向、目标、诉求。"五校五园"的意涵正在于：进一步整合资源，优化配置，丰富内涵，完善机制，通过对"学生第一"这一核心理念的实践，落实"三问三解""三进三出"，达成"三会三自""三会三高"，抓实、抓细教育科研，造就一批专家型教师，实施一批特色项目，不断提升办学水平和教育质量，把晋江市第一中学建设成为平安校园、绿色校园、文明校园、文化校园、和谐校园。

学生发展话语系统、教师教学话语系统和学校建设话语系统，既是理论系统，也是实践系统，它们在"哲学治校"这一总体方略的统合之下，相融共生，互为促进，不断丰富"学生第一"的价值内涵和实践意义，不断转化为支持学生有效学习、促进学生健康成长的多样化资源。

三、实践"学科哲学"

所谓"学科哲学"，主要是指"学科中的哲学"，即各种学科文本、各种科学文化知识当中的哲学思想、原理、规律、观点、方法。实践"学科哲学"，目的正在于通过教与学的双边活动，师生共同探索学科文化基因、发展历史和核心特征，追问各学科的本质，促进学生提升学科思维品质和学习品质，具备复活学科知识的能力，具备打通相关学科的联系进行跨学科学习的能力，实现两个"三有"。

第一个"三有"，包括有智慧、有审美、有探究，即教学放得开、飞得起，有充分的自主、讨论、合作、互动、体验、想象、创造的机会和空间。第二个"三有"，包括有标准、有逻辑、有体系，即教学收得住、看得见，有具体的目标、线索、方法、资源、量表、工具、检测。两个"三有"相互补充，相互助力，共同作用于"学科哲学"的实践与探索。其实施的路径和方式主要有以下五点。

（一）研究性备课

在充分把握学情的前提下，深入研究课标、教材，将"课标的知识""教材的知识"转化为"教学的知识"；尽可能多地研究已有经验尤其是名师经验，尽可能多地研究相同主题、相同类型的课尤其是名课，将"经典的方法""别人的方法"转化为"自己的方法"。

（二）辩证性设计

教师的教和学生的学是课堂教学的一对基本矛盾，它们既相互对立又相互依存。所谓辩证性设计，就是要基于学生的学、为了学生的学，着眼于解决好传授与启发、预设与生成、面向全体与尊重个体等一系列教学矛盾，把握、设计好教与学双边活动。

（三）纲目式建构

在辩证性设计的基础上，形成纲目式提纲，体现核心目标，凸显关键知识，形成逻辑链条，有一系列适用的教学资源包、教学工具箱、教学脚手架，为教学的实施提供充分的资源准备和条件支持。

（四）创造性教学

强调教师教学的主动性和创造性，立足教材又超越教材，尊重经验又超越经验，根据学情调整方法、改变节奏、创设情境，以面对变动不居的课堂现场。

（五）科学性检验

科学性检验也是一种发展性评价和综合性评价。它通过几组成语的描述，确立了三种理想的课型：思辨型——思辨出彩，娓娓善导，收放自如，擒纵有招；博学型——旁征博引，启智启美，罗盘导航，百舸争流；简约型——高屋建瓴，驭繁就简，运筹谋划，点金有术。作为一种质性描述，这些"理想的课型"更加关注具体的教学过程及其对学生发展的积极影响，也更加重视对教师的专业导向，以促进教师的自我发现、自我改进和自我发展。作为一种评价理念，这些"理想的课型"与《晋江市第一中学教师教学绩效考核方案》侧重于量化评价的方法相互补充，使整个评价既有数据、等级等显性因素的支持，又有思想、目标等隐性因素的规约。

从实质上说，"学科哲学"也是学校已探索多年的"问题教学"的转型和提升。实践"学科哲学"，教学中的"问题"更有哲学内涵，而不是随意的、碎片化的，一个个"问题"构成具有一定逻辑联系的"问题链"，作用于学生的思维发展，增强学生的问题意识和提出问题的能力；对"问题"的解决更具哲学价值，学生从中不仅可以获取知识，还可以习得获取知识的方法，形成举一反三、触类旁通的学习能力。

四、创造共同记忆

晋江市第一中学创办至今不到 70 年，但我们大胆地提出"做百年名校的奠基者"。因为它地处晋江市政治、经济、文化中心，理应有这样的信心和决心，理应有这样的长远规划和发展蓝图。何为名校？我的理解，至少包含三种涵义：第一，名校应该是文明洼地和精神高地，既能够吸纳和积淀各种文明要素、先进思想，也能够创造和贡献智慧、知识、方法和技术。第二，名校应该成为永远的母校——每一个曾经或正在这里生活的人都由此得到真善美的滋养，都视之为精神故乡。第三，名校应该拥有亲切、生动、丰富并长久影响人的共同记忆。因此，创造这样的共同记忆，便成为我们在"哲学治校"上的重要抓手之一。

（一）建设石鼓文化

晋江市第一中学地处青阳石鼓山上，石鼓山就是我们的课程和乡土。要把这个潜在的资源化作育人的营养和力量，就必须使之融入学校文化、汇入各种教育教学活动，进而成为每个人生活的一部分。我们延续学校传统，发挥新生优势，主要做了三件事。

其一，开办"石鼓讲坛"。作为一个活动平台，"石鼓讲坛"既有各地名师、名家的专题讲座，更有本校教师的心得分享。学校每一阶段的重要工作，教师最感疑惑的教育问题，学生最感兴趣的教育热点，家长最为关注的教育时政，都会通过"石鼓讲坛"进行聚焦、探讨，至今已开展近 400 场活动，多数教师都曾经"登坛布道"。

其二，出版"石鼓小报"。作为一个研训载体，"石鼓小报"把选题重心对准教师们普遍关心、经常遭遇的教育教学难点，如分层教学、校本教研、论文写作、科研成果的转化与应用等，从理论、方法、个案等层面组织专题，内容大都根植于本校本土，根植于教师们的实践和思考、学习和研究，汇聚了大家的专业智慧和专业经验，至今已出版 200 多期，发表文章近 300 万字。

其三，命名"石鼓十景"。经过几轮的重修新建，晋江市第一中学已具备现代化的气象和示范性的品位，需要在器物文化的层面进行重新建构，以丰富学校文化的哲学内涵，提升办学环境的美学意蕴。基于"学生第一"

的核心理念和"培养有作为、负责任的现代公民"这一育人目标，科学规划，深度设计，集约学校里的楼、馆、室、舍、园、门、道、廊、台、桥、树、花、草、石、水，命名了"石鼓十景"：鼓阗环宇、鼓台飞歌、鼓园躬读、鼓声和鸣、鼓楼晋贤、鼓榕迎春、鼓师烛影、鼓根盘龙、鼓浪远影、鼓韵涵晖。"石鼓十景"的创生，使学校的办学历史变得清晰可见，也使学校的办学理想有了活生生的物质载体，同时彰显了学校个性、学校品格，提高了学校的文化辨识度、审美辨识度。它们将成为新的文化基因，植入并参与到每一个一中人的精神成长当中。

（二）讲述文化故事

教师除了教书育人，还有诸多围绕教书育人而展开的工作；非教学人员虽然不在教学岗位上，却也是辅助教学、服务教学不可或缺的力量。为了弥补《晋江市第一中学教师教学绩效考核方案》主要关注"教学绩效"的不足，拓宽评价视野，完善评价体系，使评价指向教师的所有工作、覆盖所有教职员工，我们于2009年发起"讲述文化故事"的活动，每学期设计一至两个主题，引导和鼓励全体教职员工从晋江本土、校园生活、身边同事、自己身上发现故事、创作故事，利用各种会议、活动、仪式，轮流讲述故事、分享故事。这些故事通常都具有生动的教育趣味和丰富的文化内涵，所以我们称之为"文化故事"。

讲述文化故事，某种程度上也是一种公开述职，既坦承自己的工作得失，汇报自己的工作成效，也是一个自我反省、自我刷新、自我教育的过程。同时，讲述文化故事作为一种活动机制，还营造了情感交流、智慧分享、对话倾听的文化，营造了唤醒自我、唤醒美好和赞美他人、赞美优秀的文化。

第二年，我们将这一活动推广到学生群体，鼓励学生创作和讲述自己的故事、同学的故事、老师的故事、父母的故事、邻居的故事、社区的故事、班级的故事、社团的故事，以及其他感兴趣的故事。这在无意中也为教师尤其是班主任开辟了一片立德树人的新天地、一条专业成长的新路径，他们从这些故事中发现学生成长亮点、发现师生双方的问题、发现改进教与学的契机，通过对故事的评价巧妙地进行道德引导、心理辅导和作文指导。让文化故事进课程、进课堂、进德育，成为广大教师的新选择、新实践。

有人就有故事，新的学校文化催生新的文化故事。我们从这项活动中感受到了课程价值的重要性，所以逐步推向家长、校友、校董，定期邀请他们走进学校，讲述他们的求学故事、创业故事、职业故事乃至爱情故事。这些故事在不同时空、不同角度反映了学校的历史，传达了积极的价值观和人生经验，让广大师生在扩大文化视野的同时，不断获得精神启迪和成长动力。

2012 年，学校立项的"以文化故事为载体，构建特色学校文化——中小学生德育活动模式的探究与实践"通过福建省教育工委、福建省教育厅的批准，"讲述文化故事"成为又一项核心科研课题，这也意味着它开始进入实证研究和理论概括的阶段。我们多次邀请教育界、文学家、理论界等领域的专家前来讲学，指导文化故事的创作、传播和研究。通过制度建设、主题研讨、征文活动等方式和途径，促进"讲述文化故事"逐步成为一种日常化、课程化的校园生活。

继 2013 年正式出版一套六本的《石鼓山的故事》书系之后，近些年我们陆续出版了一系列学生、教师、家长、校友和校董的"文化故事集"，留下了一代代一中人成长、奋斗、劳动、创造的痕迹。一个专门的"故事馆"已然建成，我们希望每一届学生在离开母校之前都至少有一个故事珍藏其中，让每个人的故事成为所有人的共同记忆，成为学校历史的重要篇章。

吸纳文化故事，创造文化故事，传播文化故事。也许可以自豪地说，我们正在创生自己的"故事教育学"。从目前看，我们的文化故事主要有两个类型：一个是文学化的文化故事，一个是科学化的文化故事。前者重在情感濡染、人格塑造，后者重在揭示道理、萃取规律，两者都是真实具体的德育文本、教育学文本和心理学文本。它们至少在这样两个方面发挥了独特的功能：第一，帮助每一个故事讲述者"认识自己"——"认识你自己"，这是一个永恒的也是最本质的哲学命题；第二，促进文化认同——在多元文化理解成为人的必备素养的当下，这同样是哲学和教育都必须直面并解决的问题。

（三）设立"家庭书屋"

作为创造共同记忆、促进家长和孩子共同成长、密切家校联系的有效途径，亲子共读日益受到关注和重视。从学校教育的角度看，促进学生形成阅读的习惯、掌握阅读的方法、培养阅读的能力也是建设学习型社会、学习型学校的内在要求。

经过一段时间的调研、论证和宣传发动，2014年"世界读书日"前夕，我们正式发起设立"家庭书屋"的倡议，提出"十个一"的构想：一间书屋、一个书架、一张书桌、一盏台灯、一批藏书、一种命名、一句格言、一篇故事、一次读书讨论会、一场主题读书交流会。"十个一"涉及学生家庭、学生个人、学校、班级等各个层面，绝大多数家庭都热情响应，而学生们更是积极参与其中，和家长一起购买或制作相关用具，设计或改造阅读空间；结合家长和教师的推荐自主选择书；或取意于经典诗文、或提炼自生活经历、或沿用家族祖训，命名自己的书屋；或为表达志向、或为勉励自我、或为寄寓情感，撰写书屋格言。

参与"家庭书屋"的建设，体验"我的书房"诞生的过程，这是一种特别而珍贵的生活经历、学习经历。那些本来就有阅读习惯的学生，更是找到自己的优势，成为班级、学校各种阅读活动的主角。有的家长专门设定"家庭阅读时间"，自觉与孩子共同阅读，分享阅读心得。

围绕"家庭书屋"的建设和阅读活动的开展，学校和家长之间有了更多交流的机会，有了更多认知和观念上的交集，这为增强家校之间的教育合力创造了非常有利的条件。在这个过程当中，学校尤其注意阅读方向的引导、阅读内容的规划、阅读方法的指导、阅读时间的统筹，从完善阅读结构、知识结构、心智结构的高度，强调文学阅读、科学阅读、哲学阅读的合理搭配，以及自主阅读和学科学习的科学安排。

2016年12月23日，福建省海峡出版发行集团举行"实体书店建设推进会"，我受邀参加会议，并代表学校就"家庭书屋"建设的背景、理念、目标、方法、效果等方面作了汇报交流，引起大家的关注。2017年3月3日，在中国人民政治协商会议第十二届全国委员会第五次会议上，作为全国政协常委的海峡出版发行集团副总经理吴志明先生在提案中指出，晋江市第一中学的"家庭书屋"作为学校教育和家庭教育相结合的载体，对提升公民素养、塑造书香家庭、建设和谐社会具有重要的意义，建议在全国中小学予以推广。《中国日报》对吴志明先生的提案作了专门报道，随后全国 20 多家媒体进行转载或作二次报道。

这是社会各界对我们的认可和鼓励，更说明了人们期待学校、教师成为全民阅读的先行者和推动者。一个个阅读爱好者、一个个书香家庭的背后，必然站立着一个个有思想、有引领、有号召力的书香校园。通过阅读及各种阅读活动，一所学校在促进学生发展自我、理解生活、认识世界的同时，将创造更多的共同生活、共同理想，以及每一个人都可以分享的共同财富。

创造源源不断的共同记忆，是学校课程、学校内涵日益丰富的标志。通过建设石鼓文化、讲述文化故事和设立"家庭书屋"，我们作出了初步的探索。它们相互催生，共同作用，凝聚各方物质支持和智慧资源，构成一个立体、多元、灵活的育人体系，从各个侧面、各个层面落实"学生第一"的核心理念，提升了教育作为一种社会生产力的意义和效用。

2016 年 8 月，新一届晋江市委描绘了一张"国际化创新型品质城市"的晋江发展新蓝图："国家园林城市、国家生态市、国家新型城镇化建设试点、国家金融改革试验区、中国制造 2025 示范市、海丝战略先行区……"这是一个大背景，关涉经济转型、科技创新、文化繁荣、环境优化、民生改善诸方面，关涉一个教育工作者思考教育、发展教育、创新教育所应具备的全局观、社会观和未来观。

以此观照、透视学校的发展状况和存在的问题，近几年来，我们致力于作为一个总体方略的"哲学治校"的细化和深化，使之与学校的各方面工作发生更好的联结。在这一点上，我有一个很深的体会：作为校长，不仅要努力成为善于"学哲学"的教育家，还要努力成为善于"用哲学"的教育活动家、教育策划家、教育实践家。"做百年名校的奠基者"是立足我所任职的第二个五年（2012 年至 2017 年）发展提出的一句话，它当然也是一个长期的目标，关涉学校所有的人、事、物。2020 年，我正处于第三个五年的任职期。立足"新时代"，初心不改；"朝向明亮那方"，使命犹在。建一所有哲学追求的学校，正意味着要让这所未来的"百年名校"，"根"扎得更深，"基"奠得更实，让"石鼓文化"孕育出一棵长青大树。

导言二:
作为教学方法论的"学科哲学"
——答《教师月刊》问

教师月刊: 陈校长你好! 我们知道,你有一个理念,或者说是一个办学的理想、一种教育的信仰,那就是"建一所有哲学追求的学校"。从这个理念出发,又发展出"学科哲学"这一概念。不知这样的理解对不对。

陈燎原: 是的。"学科哲学"正是从"建一所有哲学追求的学校"这个目标延伸出来的一个概念,它同时也是实现这个目标的重要抓手。我甚至这样说过,在哲学的世界里,学科哲学是一座新的山峰。生活中处处有哲学,问题在于有没有发现,或者说会不会发现。如果缺乏哲学素养,而只有一些所谓哲学道理的认知,那也可能无法在生活和工作中加以应用。哲学道理,我们从中学到大学大概学过很多了。哲学所研究、所解决的是大千世界那些麻烦而又复杂的问题,并提出认识世界的总的、一般的、根本的观点、概念和工具。有人认为,哲学是哲学家的事,这是偏见。哲学的脾气是较真,一直追问,反复追问。

教师月刊: 这和"学科哲学"的概念有什么关系呢?

陈燎原: 中学的学科,总体上看,由两大知识系统构成——科学、人文。

这两大知识系统反映了人类的认识史、观念史、文明史。它们是客观存在与主观反映、科学实践与理性认识的唯物辩证统一的体现。学生在这样的认识史、观念史、文明史的哺育下成长。作为再认识的主体，学生接受文明成果，并将这种成果转化为智慧与能力，由此可能为人类新的认识、新的观念、新的文明的产生播下新的种子。在人类的认识史、观念史、文明史的背后，是科学与愚昧的斗争，光明与黑暗的斗争。教育改变世界、改变人的命运，首先就是从知识、文明当中汲取真善美的因子，塑造学生的文明人格。这两大知识系统，也反映了人类自身的发展史。人类在认知中认识自我，发展自我，超越自我。学科分类，体现的是知识系统的全局与部分的对立统一。各个学科既要有局部观又要有全局观，各守门户而不分离，融汇于共同的育人目标。我们常说，不能只见树木而不见森林，就是这个道理。"学科哲学"就是把"树木"放在"森林"里去认识，去审视。那么，从以上几个方面来考量，所谓"学科哲学"，就是关注学科本质，关注学科教学的核心目标，关注学科学习的基本规律。具体而言，就是要在教学中渗透哲学思想，使学科知识成为学生的思想工具、思维工具和想象工具；就是要提高教学的辩证逻辑思维含量，使学习为学生的思维发展服务，为学生实践能力、创造能力的发展服务。需要指出的是，我们讲"学科哲学"，并不是要把每个学科都教成哲学或者按哲学课来教，不是这个意思。

教师月刊：从字面理解，确实容易出现这种误读。我们把这个问题往近处拉一些，往实践拉一些，从教学的维度来讲，"学科哲学"关注什么？

陈燎原："学科哲学"首先要关注的，或者说首先要研究的就是"学科观"。所谓学科观，就是对学科的态度，对学科的总的看法。而态度与看法要遵循一条逻辑线索，即认知—理解—能力和知识的迁移—摆脱经验认知的大胆设想。其次，"学科哲学"要研究"学科教学观"。学科观是学科教学观的前提和基础。怎么把学科的逻辑转化为学生的认知、理解、应用的逻辑？怎样使学生具备一定的学科素养和学科能力？这就是学科教学观的研究内容和方向。

从一般情况来看，许多学生会认知，但不一定能独立地理解，能理解但不一定能够活用，或者说，知识的迁移能力不足，至于想象力、创造力就更不尽如人意了。我上大四的时候，学校给我们补上了马克思的《资本论》大纲述要。理论知识忘了许多，唯有老师从相应的理论框架中抽取的一个最基本的元素"商品"还记忆深刻——老师把分析的原理、分析的思路和分析所需要的几个角度与方法，都十分透彻地教给了我们。正是从马克思对商品的分析中，我掌握了思考的原则、规律和方法，才得以很快就站稳了讲台。尽管这是大学学习，和中学学习有一定的不同，但有一点是相通的：有了思考和分析的能力，又懂得使用工具书，学习、做学问就有了基础。简而言之，就是要关注学什么、为什么学和怎样学三个问题。

学什么的问题主要是认识、认知的问题。认识是从概念开始的，尤其是名词性概念。婴儿学说话，教他这是爸爸，那是妈妈，学会不同的发音，这样他就有一个初步的概念。进入基础教育阶段，就要理解为什么这是爸爸、那是妈妈，什么样才是爸爸、妈妈，这就进入了对概念内涵的理解。对于概念，如果只知是什么，而对内涵、外延及其使用语境一无所知，那就是鲁迅所说的"人生识字糊涂始"了。学科观关涉学科的本质与特点，就像比较大米与玉米一样，如果没认识清楚它们的本质、特点，教学的方向就可能迷糊不清了。

教师月刊：能不能结合具体学科或者你自己的教学经验进一步谈谈？

陈燎原：记得最初任教于晋江市侨声中学时，我教历史学科，上第一节课的时候，可谓别开生面："地图加棍子"。带着这副装备，我一上讲台，同学们便一阵骚动，都以为老师凶，谁倒霉谁就要挨打。我把历史地图一挂，举起棍子，在上面比画了一条长直线，说："这就是中华三千年历史的时间长轴，按这条长轴，左右是与世界历史的联系，上下则反映了中华大地四次民族大融合。"各种历史事件，社会的治与乱，分分合合，最后都汇流于这条历史长轴，可谓源远流长。多美的长轴啊，可以比作民族的血脉，中华的脊梁，大厦的梁柱。最后，我以唐太宗的名言"以古为镜，可以知兴替"来总结历史课的价值与意义。当时在教学上我的招数还是很多的，各种课型各有教的方式和方法。学生很喜欢我的历史课，考试成绩都非常好。后来我又教了两届英语。根据英语学科的特点，我从语音的重、轻、升降调到词类、词性、时态进行归纳、综合、分类，学生的英语成绩刷新了晋江市的纪录。更奇妙的是，在教时态变化的过程中，我悟出了生命历程中的"时间意识"与"时间管理"的理念。后来到晋江一中做校长，在办学中就有了时间管理上的探索。我的体会是，教学要提供"干货"，就是那种规律性的、能够转化为方法和提升人的思维品质的知识。教科书里本就有许多"干货"，比如爱因斯坦的"$E=mc^2$"，学生吃下这个"干货"，老师还要帮助他们把"干货"化为水系、水网，追本溯源，最后又回归"干货"，即生成自己的思维方式。这正是"学科哲学"的一个很重要的价值取向。

教师月刊：这是不是意味着，科学问题同样蕴含着哲学问题？

陈燎原：当然。比如说，央视的励志节目《少年中国强》曾经有一个表演：一位少年站在几米外，前面是五块厚玻璃，少年扔出钢针，一个个击穿。那么从"钢针穿透玻璃"这个表演中，可以分解出两个纲目。一个是可以从科学角度编纲——（1）力的速度：初速度、加速度；（2）距离与速度的关系；（3）受力点与压强；（4）发力的势位、势；（5）钢针与运动方向的平衡；（6）针尖的硬度与截面积。另一个是可以从哲学角度编纲——（1）条件与目标；（2）因与果；（3）主观能动与客观实在；（4）运动心理学与生物学。这两个纲目，就是我所理解的"学科哲学"互为表里的两个维度。

教师月刊：看来，"学科哲学"包含了你个人的成长史和观念史，是经过时间的孕育的，可谓顺理成章，水到渠成。那么，"学科哲学"这一概念、观念的形成，是不是也隐含着你对当下中国教育的某种判断？

陈燎原：谢谢你们的肯定。我常常想，这几十年来，我们的教育一直在改革的路上，有一个概念具有最广泛的共识：素质教育。以"素质教育"描述"基础教育"的目标、任务和方法，我认为是对"基础"的深化、推进和拓展，同时我还觉得，若能把两者加以结合，作"素质基础教育"这样的描述与概定，可能就更完整了——它把"基础"的含义推向生理、心理层面，而不是拘囿于"知识"层面。我们提出"学科哲学"，当然有着素质教育的诉求，也就是说，我们是为了探索一条适合自己的实施素质教育的路子。这一概念、观念的提出，自然引出了一个新的概念群，比如学科观、学科本质观、学科价值观、学生观、素质教育观等。中医高手有"妙手回春"的美誉，它自然不是由"职称"评出来的。中医高手一般都有家传秘方，这种秘方是从丰富的临床经验中总结出来的，分析—概括—提炼，抵达规律，慢慢上升到哲学层面。"望闻问切"，是实践论；表与里，冷与热，虚与实，阴与阳，是辩证法。中医既研究病理，又研究药理，还研究病人的心理特征、生活习惯、生活方式等。不管中医还是西医，都不能偏于一端，两者应该互补共进。这同样也是实践论与辩证法的体现。极端思维是可怕的，它切断了事物存在的种种联系，抛弃了事物存在的各种条件、根据。思维一旦绝对化，就可能走向任性、专制。当我们说这是一个个性化、价值多元化时代的时候，还必须审慎地意识到，这也是一个需要公共意识和核心价值的时代。我想，我们的"学科哲学"必须嵌入这样的思想背景。

教师月刊：这样的"学科哲学"，怎么通过课堂、通过教学，到达学生那里，作用于学生的学习与成长？

陈燎原：这涉及"何为好课"的问题。我认为，一堂好课，一定体现了实践论，贯穿着辩证法。教师能以辩证思维把知识点联成系统，并层层透析知识背后的思想和文化的意义与价值。从学生的角度来说，就是要有一个好的故事，这些知识，这些思想和文化，都隐含在故事里面。一般情况下，教师不缺知识和道理，但整合、提炼出一个好故事并把它讲好，可能就难了，有时候你讲了许多道理，还不如讲一个好的故事。

所以，在我们学校，有一个很有意思的课程叫作"文化故事"，不只是教师、学生讲，家长也讲，校友也讲；不只是在各种聚会和活动上讲，还把故事引进课堂，用故事建构课程，用故事再现生活和各种科学现象。每一个人都是"文化故事"的创作者、讲述者、传播者，也是"文化故事"的受教育者。

我常常说，春秋时代百家争鸣，战国时代合纵连横，流传下来许多故事。从《春秋》到"列传"，从"列传"到《史记》，故事越来越多，道理变成许多生动的故事。司马迁是说故事的高手，另一个高手是庄子。老子的《道德经》到了庄子的手中，变成了一个个寓言故事，许多成语就是取自这些故事，变成所谓成语故事。道理化为智慧，智慧融入生活——这应该就是我们的课堂需要着力的地方。

　　教学要面对文本，这里所说的文本，包含文字文本、数字文本、符号文本等，其中必然有关键词或核心概念，它串起了文本的脉络。教学既要进得去，又要出得来。这属于知识和学习的辩证法。在这个意义上，学习即由概念到判断、推理，从形式逻辑到辩证逻辑，掌握了思维规律和思维方法，学生将受益终身。所以，所有学科的教师都必须具备文本（文字文本、数字文本、符号文本等）阅读的修养与能力。

　　著名学者陈平原说："人这一辈子，语文决定。"——我的理解，他说的不只是作为学科的语文，而是指广义的阅读与表达。这意味着，教师必须具有把各种文本转化为学生喜欢并且能够接受的故事的能力。在课堂当中，教师面对很多矛盾，比如目标预设与教学生成，思维发散与聚合导引，情感发动与静思安顿，原则性与灵活性等，如何审时度势，如何妥善处理，都是考验。掌握了辩证法，掌握了这种广义的阅读与表达的能力，就能得心应手，游刃有余。

　　每一堂课的教学，都是一种创作；一堂成功的课，就是一件师生共同创作的优秀作品。它需要知识、智慧，也需要灵感。在这个过程中，师生共同成长。

教师月刊：给学生好的故事，确实非常重要。很显然，这也是一个很值得研究的课题。

陈燎原：我有一个观点——教学是思想方法的具体训练，通过这种训练，作为教学资源的各种课程，转化为学生的思想方法、思想工具，其中的关键是对知识、概念的思考、分析、验证，最后获得思想成果。我们有一个说法叫作"二本"，即学生为本、文本为本。在此"二本"之间，教师要有几种角色的灵活转换：引导者、促进者，教练、裁判，等等。教学不仅是引导和促进学生完成对文本的认知、理解、记忆，还要授之以"点金术"，也就是要让学生掌握思想方法和思想工具。

教师月刊：就教学过程而言，它是不是有具体的训练方法？

陈燎原：就我的经验来说，有这么一些方法可以加以总结：其一，"擒贼先擒王"，就是抓取核心概念的训练；其二，概念开源训练，就是从概念中破题，寻找思考线索，把概念分类编提；其三，审题训练，根据概念的定义，确定思考的方向、范围以及表达的方式；其四，学生文本解读、表达的训练，让学生讲述文本，发表看法；其五，集约训练，另设课堂时间，专授学习方法、思考方法，多学科教师合作成立教练团队，出题训练。

教师月刊：我相信，"学科哲学"的研究和探索，将极大地助力"建一所有哲学追求的学校"这一办学目标的实现。

陈燎原：作为一种教学方法论，我们的"学科哲学"确实让课堂的思想含量变得丰富，也提升了课堂的思维品质，有效地促进了学生的思维发展。但是，我很清楚，它还有很多不成熟的地方，还需要付出更多的努力。只有沿应教育规律和学生身心发展规律来研究、来探索、来实践，才能保证不走偏，才能一点点接近"建一所有哲学追求的学校"这个目标。

第一辑
我的教育主张

办学理念的建构

"学生第一"是晋江一中的核心理念。

基于并围绕这个理念，有三个维度的建构——核心：道德教育；基点：时间管理与问题教学；育人观："四特生""一个都不能少"。

一、核心：道德教育

道德是人格健全的重要内涵，知行统一是道德实践的核心要求。学校以"把道德实践写成文化故事""讲述文化故事"等方式，让学生获得深度的道德感受，逐步培养道德的自律自觉性。

道德教育有许多方式，我们选择"文化故事"为着力点和抓手。因为好的文化故事具有思辨性，能提供多个观察、思维、对话的视角。

学校是文化故事之源，它源自师生的教学、学习活动和生活。师生的一言一行，背后都有根据。当下的行为、事情，皆有因、有据，应该追踪、回溯，其来龙去脉一旦用文字记载下来，许多情绪化、宣泄性的东西便可以得到控制，从而进入理性审视层面。

所以，我们坚持以文化故事作为道德教育的着力点和抓手，从鲜活的故事中获得道德感悟，从不断的感悟中养成道德自律。从这个意义上说，文化故事是从道德理念到道德自觉的中间媒介，可以让人生长自我教育、自我规约、自我救赎的力量。

学校每天都会出现不当的行为和过错，即时处理采用的方法往往是直面指摘、批评、处罚、写检讨。用文化故事的方式记录、反思，可以避免简单、粗暴、强制的方法。

有一个典型的案例。几个学生打架，老师调查清楚后叫来了"肇事者"，让他回忆事情经过，详细记录全过程，写定后用信封封存。一天后，让学生启封，读后再分析犯错的各种原因及相关细节，记录后重新封存。第三天，再与学生见面，学生重读自己的记录。通过进一步交流，学生对错误的认识十分到位，也知道了如何作出改正。

老师说，这是你的故事，准备存入你的成长档案。如果你同意，还想作为学校的文化故事，与大家分享。

对于好人好事，学校同样不是简单化处理，表扬一番了事，而是引导学生真实记录下来，重细节，不夸大，作为文化故事收入成长档案袋。

学校每年选编文化故事集，收入学校"文化库"。

二、基点：时间管理与问题教学

（一）时间管理

生命在时间中成长，又每时每刻在消费时间成本。

孔子懂得时间管理，不过他是把时间管理化为年龄管理，从三十岁开始，每十年是一个人生台阶，形成一个不断提升生命质量（意义、价值）的过程。教师应该有"教龄管理"的意识，教龄增长一岁，提升一个台阶。

时间管理就是要求师生有理、有节、有序地管理时间，做到守时、惜时，从被管理到自我管理。有了自觉的时间意识，才可能有清醒的生命意识、存在意识。

时间管理的目的是使学生依照相应的规则、条文，意识到时间的珍贵。

学生作息有序，学习活动紧凑有效，寝室、食堂的生活井井有条，就是对时间最大的节约。

时间管理的本质是生命的自我管理，生命管理又取决于大脑的使用管理。指导学生科学地用脑，调节兴奋点，合理安排、调整各科的学习内容，可以提高时间效益。

时间管理又是学习与生活的统筹学，统筹有序，有条理，既能改正拖沓、杂乱、懒散的不良习惯，又能激发生命的热情和活力。

教师应该成为时间管理的高手：教学内容的疏密安排，学习活动的收放把握，从教育技巧到教学艺术，最终提升时间常数中的成长质量。

（二）问题教学

问题教学就是学与问的辩证法，体现了一定的认知规律。知与未知是一对绝对矛盾，在有限的已知上达到暂时的统一，统一走向未知，又形成了矛盾。在有限与无限之间，永葆求知的渴望，胸怀宽阔，虚怀若谷。

质疑与思辨是高贵的思维品质。

从教什么到为什么教，从怎么学到怎么会学，不断追问，把好奇的天赋引向创思的殿堂。

问题不是词语概念加一个问号。从概念入手，进行外延分类分析，眼力与眼量合作，概念就是问题之源。从是非问、辨析问到批判问，问题就有质量。

问题教学也不是满堂问。一个都不问，问在授课的逻辑推理与思辨之中，一路启发，一路跟进，让学生在强大的逻辑力量中感受学习的满足。

问题的设计不在简单地求答案，而在授之以视角和思考方式，解题的根据、条件，推理的过程及概括抽象的思维方法。

问题教学深扎于吃透教材，既能深进又能超越，掌握教材的出入之法，然后酝酿、提炼、统筹，回归核心概念，以少胜多，出奇制胜。

问题由疑难的概念、判断、推理组成，所以问题教学的目的是提高学生的逻辑思维能力。一堂课的质量，从学习心理上说，首先是关注注意力。一是通过问题吸引注意力；二是以概念使注意力聚焦又拓展、分配，由概念内涵到外延，外延拓展后形成概念群，再研究概念之间并列、同一、从属、交叉等关系，然后进行判断推理。

问题教学与逻辑思维的注意力，聚焦与转移，需要寻找恰当的切入点，除了情感的启动、文化故事的引入之外，还有多种方式方法可以选择。

问题教学追踪到最后就是问题的思辨性与批判性。由问题到释疑、解惑，它追求的不是答案，而是让学生形成必要的思辨能力。

三、育人观："四特生""一个都不能少"

每一个孩子都是父母的宝。

教育对"宝"的理解：平等中的差别，差别中的平等。平等的前提是公平，合情合理，不偏袒，无歧见，教育资源人人共享。

复杂、困难的正是"差别"。差别教育要求看到差别、承认差别、尊重差别，在差别中发现潜能、优势，因势利导地培养学生的优长。

人的成长具有偶发性，即当下即时性，甚至会稍纵即逝。发现并追踪萌芽中的隐秘信息，需要教师"慧眼识丹心"，这个慧眼就是有哲学智慧的眼睛。缺乏哲学智慧，不可能有"不拘一格识人才"的视野和能力。教书育人对教师的根本要求就是以慧眼去发现：从行为习惯、个性气质中发现；从学习活动、学习成绩中发现；从优点中发现缺陷，从缺点中发现希望；从当下发现趋势，给趋势以热情的期待。

教育的"差别观"在一定意义上体现人的自由发展观。自由的概念从法理上说，是在法律规范内人有自由意志活动的权利；从哲学上说，是认识人与事物的发展规律，自觉地在实践中运用。

尊重个性差别的自由发展，在发展中享受平等的教育资源，又因差别把资源进行合情合理的倾斜配制。

"学生第一"的理念，落实于每一个学生，就是使学生正确认识自我，科学设计自我，严格管理自我，努力实现自我，自我价值与社会价值相协调。

"学生第一"与规划管理

2007 年，初到晋江一中，经过反复思考，我决定以"学生第一"作为办学的核心理念，它把博爱、使命和责任担当置于一个至高点上。跟晋江市教育局施正琛副局长探讨，他极力赞同，说这四个字真正体现了"以生为本"的教育本质。

2008 年年底，我到上海拜访华东师范大学教师培训中心的刘莉莉教授，这一理念得到了她的充分肯定。2012 年 12 月 18 日，时任福建省副省长陈桦来到晋江一中检查指导工作，这个办学理念也得到赞许，她认为这体现了以学生为主体的教育观念。不久，"坚持'学生第一'办学理念的实践与研究"被泉州市教育科学"十一五"规划课题立项。

所谓"学生第一"，从教育学角度说，首先把校名（学校全称"晋江市第一中学"）中的"第一"化为以学生为首位、以素质育优秀、以卓越为追求的发展定位；从教育心理学角度说，"学生第一"体现了对学生个性的"唯一"的尊重与理解，又体现了教育功能的重要，使"唯一"成就各自的优秀；从教育社会学角度说，"学生第一"确认了学生的权利主体、责任主体地位。但是，"学生第一"并不同时意味着"教师第二"，它不是一个次序概念、等级概念。从教学活动的角度说，"学生第一"强调学生研究、学习研究和学情分析，突出以学定教、以学评教，建立以学生发展为本的新型教学关系和新型评价机制。而在"哲学治校"的语境中，"学生第一"也是一种价值观和方法论，一种思维方式和评价标准。因此，从办学模式到环境设计，从课程规划到制度建设，从教师研训到教学过程，从校园活动到社会活动，都以之为出发点和归宿。

"学生第一"的办学理念，之前我在金山中学、侨声中学担任校长期间，就有了一定的思想胚胎。后来，又有了"让每位教师成名，让每位学生成功，让每处校园成景，让每片社区成风"的教育梦想。可以说，"学生第一"是我的教育理念和教育梦想的结合。

如果要深究这个教育理念，明晰其经纬度的话，那么可以说，德育是"经"，塑造人格的脊梁；智育、体育、美育是"纬"，使人丰满并自我成就。以"经纬"构建管理，可分为德育系统、行为规范系统、教学与科研系统、评价系统以及校园文化系统；贯穿、包容这些系统的则是作为文化载体的学校文化故事。

教育是极其复杂的系统工程，最后要化入科学化、人文化的管理。管理不仅是为了学校一切工作事项有序、顺畅，校园平安、和谐，更是为了出人才，出名师。规划、规章的制度化，使自觉的责任意识不断强化自我发展的能量。

一、规划和目标

自 2007 年以来，根据发展的要求，确定不同时期的工作任务，不同阶段的不同工作重点，制定以下规划和目标——

2007 年 10 月，制定《晋江一中六年发展规划》；

2008 年 10 月，提出课程改革十个"三"，并接受教育部基础教育司的普通高中新课程实验的调研；

2009 年 9 月，制定《课程改革谋提升，学校管理新作为》，提出"十个行动思路"；

2009 年春季，制定"三会三高"教育目标和"三进三出"教学目标；

2009年秋季，复办初中后，制定初中部"三会三自"教育目标和"三基三力"教学目标；

2009年12月，提出开展"文化故事"活动；

2010年3月，制定发展规划《深化课程改革，推进"五校五园"建设》；

2011年6月，进一步明确育人目标："培养负责任、有作为的现代公民"；

2011年秋季，提出"校务委员打造教育品牌"的计划；

2011年12月，制订"全面推行问题教学"的方案；

2013年秋季，提出"四特"学生（综合特优生、学科特优生、技能特长生、特定层次生）的培养目标，让不同类型、不同层次的学生都能得到应有的发展。

二、岗位分工

为更好地造就一支懂政治、善管理、会教学、能创新、重实效、比贡献、讲廉洁的干部队伍，带领全校师生实现《晋江一中六年发展规划》的既定目标，推动教育教学质量的快步提升，办人民满意的教育，学校将校务委员的职责进行重新分工，并要求打造各自的"岗位名片"，上墙公布。

学生第一，理念治校——陈燎原（校长）
高中管理，特色强校——黄家策（副校长）
创先争优，和谐校园——王宽购（副校长）
文明校园，平安校园——张友力（副校长）
教学常规，教育科研——郑志雄（副校长）
幸福家园，初中德育——王明镜（工会主席）

明确校务"岗位名片"，目的在于让每个校务委员明确自己需要精心打造的管理项目，通过两三年或更长时间的努力，形成自己的品牌，将学校精细化管理目标以责任的形式落实到位。

根据岗位责任、目标，描述自己的"品牌"定义和内涵，树立理想和方向。

我们的"品牌"首先体现为办学理念——

办学理念反映了校长的办学理想、追求。在多年的理论探索和办学实践中，秉承"诚严勤毅"的校训，提炼出"学生第一"的办学理念，确立学校办学的方向，定位学校的品牌形象；遵循高中"三会三高"，初中"三会三自"的教育目标，顺应时代的发展和社会的需求。

办学理念反映了校长的价值需求。制度的本质不是约束人，而是解放师生内部成长的力量。它具体化为学校的教学目标：高中"三进三出"，初中"三基三力"；通过实施道德教育，把工作价值与生命价值结合起来；不断激活评价机制，把情感教育与业绩考评结合起来；不断推动师生交流，把教师发展与学生成长结合起来。

先进的办学理念体现了强大的凝聚力，仿若一面飘扬的旗帜。它引导人往上看，旗面闪烁着理想主义的光辉；也提醒人往下看，旗杆是否深植于石鼓山（学校所在区域）的特色文化之中。

三、精细化管理

精细化管理意在提高管理的规范化、细节化和个性化。精细化管理强调全程跟踪，把握细节，落实到底，做出成效，促进特色化办学。

作为全局管理者，校长遵循的思路是从"点"（理念）到"线"（各口系统），再到"面"（各自的管理范围），最后到"体"（范围合成），促进"文化故事"积淀为校园文化，促进特色化办学，实现教育价值与文化精神价值的双赢。

精细化管理以规范化制度为保证，最终走向以实践理性为保证、以道德自觉为保证。

（一）体验式德育管理

知行统一是人的道德养成的重要保证。学校以"六德（智慧、勇气、仁爱、正义、节制、卓越）之星"为管理、评价目标，在精细化管理中引导师生逐步从道德观念向道德践行过渡，逐步形成道德自觉。

　　　　建一所有哲学追求的学校

福建省教育系统关工委主任郭荣辉参观晋江一中"道德的力量"图片展时说:"我走过全国众多学校,很高兴看到晋江一中的素质教育入门了。"

体验式德育的内容分为思想教育、活动教育和成才教育。德育精细化管理重活动、重过程,在活动过程中体验,在体验中收获成长。它以"文化故事"为载体,师生通过活动发现故事、编写故事、讲述故事、传播故事,使道德理性与道德实践有机结合起来,由此演绎出许多有意义的活动:课堂教学讲述故事,创设教学情境;师生大会讲述故事,进行生活体验交流;家长会议学生讲述故事,展示成长历程。

(二)"问题教学"管理

问题教学的精细化管理落实在备课、上课、作业、辅导、考试、评价等环节。

问题教学的主要目的是促进自觉的问题意识的形成,而发现问题是其核心要素,正所谓没有问题才是最大的问题。

理念促管理,管理出理念,两者是辩证关系。问题存在于许多细节之中,细化可以暴露其中的问题。例如针对教师的专业成长,在教师教学品牌(教学主张)的层面上,细化下去,即包括个人小传、教育格言、教学风格、学生感言、同事印象、专家点评,最后的集大成者,将登上学校专门设立的"石鼓讲坛",分享,展示,传播。这个过程有如雕塑,对准"问题",从各个方面把多余的部分去掉,最终一件精美的雕塑品就诞生了。

在问题教学精细化管理的理念之下,反思成为师生们主要的思想生活和思维习惯。教育教学实践之后,写反思性心得,做反思性笔记。每年的8月1日,是校务反思日,会上查找过去一年来教育教学中存在的种种问题,逐一分析,确定新学年的工作研究、问题解决的重点。新学年,在各个班级,班主任引导学生自我反思,梳理10个优点、5个缺点,综合学生意见制定或修订班规。

(三)时间管理

树立时间观念,科学安排时间,合理节约时间,高效利用时间。学校每周的工作安排都以明细项目写入工作台账。各处室、教研组、年段先上报办公室,统一协调,精心安排,精细到每一个活动环节和完成时间。

课堂上的问题教学,有一定的时间制约,目的在于有效支配时间,留足给学生自己支配的时间。课前预习、课后作业，都有时间控制，力求提高学习效率。

时间与效率也存在辩证的关系。绝对与相对统一于效率、质量与价值。

精细化管理不是让人谨小慎微，也不是让人被动地亦步亦趋，更不是用放大镜去监督。让人惊喜的是精细化激发出师生的创造性活力。

许有秩老师在一年的班主任工作中，写了一篇很好的教育反思类文章：《让优秀成为一种习惯》，载于校刊《石鼓论坛》上。他在文章中写道，班主任的全部工作，是为了让学生养成良好的思考习惯、行为习惯、学习习惯和生活习惯——当然还有道德习惯，只不过他把道德习惯融入到上述四方面的习惯之中，所以没有专门论述。

柏拉图说："最先和最后的胜利是征服自己。只有科学地认识自我，正确地设计自我，严格地管理自我，才能站在历史的潮头去开创崭新的人生。"

柏拉图的这段话，无意中揭示了自我管理学的丰富内涵。自我认知的管理，人生规划的设计，心理状态的自我疏导，等等；还有人生路上必然存在的诸多困惑、迷茫，许多阻碍生命成长、精神进步的问题，都可能凭借这样的自我管理，被排除，被拒绝，犹如在时间的流水中洗涤旧我，走出崭新的人生。

这就是精细化管理最终要达到的目的。

"四特生"培养：让每个学生梦想成真

让每个学生都能健康成长，让每个学生都能梦想成真，这是教育的责任。但是"人间万事出艰辛"，一切美好梦想的实现，都需要不懈地努力，都需要不断地探索、实践。在"学生第一"办学理念的引领下，大家在各自的岗位上投入智慧和热情，助力学生的学习与成长。

一、综合特优学生培养

案例1：高三1班曾东鸿在2018年3月泉州市质检六科考试中考了672分，居晋江市理科第3名。英语不是他的长势科目，而他这次英语成绩是139分，有了比较大的进步。在半年多的高三英语学习中，柯红红老师重点做了以下几项工作：一是关注过程——每天学些什么，如何学，学得怎么样；二是培养习惯——曾东鸿原先的书写比较不规范，影响了成绩，这段时间，柯老师用考试用的作业纸代替一般作业纸，增强现场模拟感，强化工整书写的习惯；三是扩大复习量——曾东鸿的基础不是很扎实，柯老师"煮小灶"，给曾东鸿一份课外辅导资料，要求其利用课余时间自主复习。

案例 2：初二选拔 46 名特优生，进行语文、英语、数学、物理等学科的辅导；初三选拔 80 名特优生做专门辅导训练。

高一遴选 40 名特优生，根据学生的相关信息，包括竞赛、能力拓展训练和学科发展情况，配备导师，导师有针对性地作顶层设计，年段集中典型案例进行分析，后分散到数学、物理、化学、生物、英语、语文等学科作辅导训练。

案例 3：

2018 年 3 月晋江市高三年级历史科泉州市质检平均分对照表

一中	A 校	B 校	C 校
69.1	68	67.7	65.6

2018 年泉州市质检历史学科的平均分，我校的成绩较为优秀。取得较好成绩的原因可能很多，历史备课组陈波、沈凤华老师认为：一是把握复习重点——历史必修有三个模块，即政治史、经济史和思想史，前两个模块是会考考试，作为复习重点；"思想史"模块高二时就有问题案的引导，所以比较扎实。二是把控复习进度——不赶进度，走好每一步。三是注重难易适度。

这些案例带给我们的启示，体现在如下几点：

1. 做好学情分析。所谓"综合特优生"指的是那些比较优秀、各科均衡的学生。只是，毕竟有的学科会相对比较平淡，缺乏优势，只有让弱势学科不弱，且变为强科，才能称得上真正的"综合特优生"。

2. 提供个性化作业。个性化作业是指为每个学生提供适合的差异性作业，这对综合特优生的培养至关重要。个性化作业要有一定的难度，否则"综合特优生"难以诞生。

3. 重在方法，重在引导。这类学生的思想、性格、行为，相对来说比较稳定，学习比较自觉。对他们的辅导，重在方法，重在引导。

二、学科特优生培养

案例1：华侨中学（即晋江一中初中部）初一1、2班根据学生的数学学习状况，于春季学期独立编写练习卷，增加难度，满足学生"想吃饱"的欲望。去年12月，以这两个班为主体，组建数学竞赛辅导班，每周2节课，辅导教师为陈维哲、江涛、林聪毓、王莲莲等。晋江一中初一组织数学竞赛辅导班计42人，每周两次活动，参加辅导的是许清海、庄贵容等老师。

案例2：从2013年暑假开始，晋江一中初三年级即着手培养学科特优生，开展数学、物理、化学等学科的竞赛辅导。吴海森老师恪尽职守，任劳任怨，辅导学生。他所带的学科竞赛小组，周一至周四每晚都有训练，节假日也被充分利用起来作个别辅导，共完成了136套竞赛卷的测试与讲解。

以上案例，说明了——

1.兴趣出成绩。学科特优生的培养，关键是要培养学习兴趣，再引导学生根据自己的兴趣自主选择，在选择中明确自己的责任，不断激发出学习的积极性和创造性。

2.鼓励出动力。学生参加竞赛训练，难免会遇到困难、挫折，教师及时予以鼓励，促进学生增强自信心和抗挫折的能力，形成持久的学习动力。

3.名师出高徒。打铁还需自身硬。辅导学生竞赛的教师需有广博的知识储备和丰富的教学经验，辅导的过程也是教师自我发展的过程。要让学生出成绩，首先要提升自我，成为"名师"。

三、特定层次生

案例1：2018年3月泉州市质检，晋江一中数学学科成绩与其他部分学校的比较情况如下：

理科成绩比较情况

	科别	人数	平均	排名	优秀率	良好率	及格率
一中		427	98.8	2	4.92	38.17	75.64
A校	理科	477	99.7	1	8.81	35.85	80.5
B校		413	98.8	2	10.41	38.74	72.4

文科成绩比较情况

	科别	人数	平均	排名	优秀率	良好率	及格率
一中		184	104.3	2	14.13	55.43	85.33
A校	文科	209	109.5	1	26.32	72.25	88.04
B校		206	101.1	3	9.71	48.54	82.04

以上两份表格说明，这一届高三的数学取得了优秀成绩，这跟备课组老师们的努力是分不开的。颜晓玲老师说，不管是理科数学还是文科数学，老师们都很团结。林芬芳、苏乌利、丁芳、黄美青、蔡爱钦课间常聚在一起，相互探讨，像是一家人；精心设计每一份综合卷，模块知识不停滚动，不断再现，"跟遗忘作斗争"；鼓励学生提出问题，克服自卑心理，不断改进学习方法，弥补知识和能力缺陷，在身心发展中提高成绩。

案例2：高二实施导师制，每个教师挂钩3～5个学生，进行五项指导，学科辅导时间为晚自修10:00—10:30，地点在年段室，可以补缺，可以面批，可以谈心。活动结束后，须填写上墙的活动记录表，登记学生人数。年段设立值班教师，每天晚上协调活动的开展，并督促表格的填报。

高二星期六实行走班制，分为学科竞赛班、自主招生班、学科补强班和自主学习班。学科补强班，先期公布补强的知识模块，学生自主选择，然后年段统一编班。

案例3：这个学期，初二年级面临地理、生物会考，年段制定目标，A率不低于80%。这两科能不能达成目标，关键是要做好部分后进学生的弱科补强工作。每周五下午第4节，周考非"A"的学生补考；每周各用两个晚自修后的半小时复习，加强训练；每周日下午周考"D"的学生，一科补习一节课。星期五下午，利用家长接孩子的机会，加强"非A"学生的家校沟通，负责人：1—3班庄丹颖老师，4—6班邓有金老师，7班吴宜滨老师，8班王明镜老师……虽然任务重，但他们信心百倍，扎实推进工作。

以上案例，体现了如下教育教学原则——

1. 关注差异。后进学生的成因，有家庭、社会、学校、个人多方面的因素，非常复杂，教育需要关注差异，承认差异，尊重差异，并基于差异作出改变、调整。

2. 精心指导。实施导师制，教师负责学生的理想指导、心理指导、学业指导、生涯指导、生活指导，使每个学生在每个方面、每个阶段都得到一对一的帮助，学习的潜力得到充分发挥。

3. 建立制度。精神力量的激发，工作热情的迸发，不仅需要个体的自觉，还要靠制度的保障。这需要不断建立和完善导师制，保证"培优补强"的工作有序、有效地深入开展下去。

四、技能特长生

案例：在距离2013年12月20日校园演出前一个星期的一次彩排中，将表演曾获得CCTV舞蹈大赛一等奖作品《爱莲说》的张锶茜同学，不小心扭伤了脚。这让邓丽萍老师很纠结，锶茜的脚伤得比较严重，她心疼；而演出时间已经临近，这么好的一个节目取消，很遗憾。

就在演出前的两天，张锶茜同学突然出现在邓老师的面前，说她的脚好多了，可以上台。邓老师看她那坚定的表情，只好让她试试。演出当天，张锶茜同学完美地演绎了《爱莲说》，赢得全场师生热烈的掌声。邓老师心里很清楚，她的脚是痛的，但心是热的，她带给观众的是美和快乐。

这个案例，提醒我们的是——

1. 要树立"人人有才，人无全才，人尽其才，人人是才"的理念，致力于成长环境的改善，为学生创造展示的舞台、锻炼的平台。

2. 技能学科要重技术，更要重情感、重德育。技能特长生的培养，首先要培养公民之德，这是基本的为人之德。

坚持"学生第一"的办学理念，培养"四特"学生，要着眼于学生的品德发展、学业水平、身心健康、兴趣特长和实践能力。这五个方面的综合素质是教育方针在实践中的具体体现，是素质教育的基本要求，也是对学生进行综合素质评价的基本内容。

培养"四特"学生，究其实质，就是让不同层面的学生的个性得到充分发挥，优势得到完全展示，潜能得到彻底挖掘，让每个学生都有自己的梦想并有机会得以实现。其中的关键是要寻找适合每一个学生成长的教育方法。有了这样的方法，教育的理想就会更坚定，教育的目标就会更明确，教育的成效就会更明显。

年级素养梯度目标的设计

2014级初一17班庄嘉仪同学这样设计自己未来三年的成长目标：负责任，有作为。担任语文学科班长的她，在学习上严格要求自己，广泛阅读各种书籍，坚持每天写日记；同时带动身边的同学一起成长，一起进步。

2016届初中毕业生陈小青同学跟妈妈说："初中三年，我们每个学期都有自己的努力目标，每个同学都清楚自己奋斗的方向。为了一起走进高中部，大家互帮互助，亲密无间。"满怀热情，专注目标，脚踏实地，在静穆中涵养自我，陈小青同学收获了成长。

由于小时候生活环境的限制，蔡青云的阅读很是不足，进入晋江一中读高中后，学业基础相较而言显得薄弱。他与同宿舍几位刚认识的同学一起，商量每天早晨5点30分就早早地起床，买好早餐，开始读书，并给这个行动起了一个名字叫"不赖床"。他们读语文，读英语，读政治，读需要阅读的东西，一直坚持了下来。清晨的校园是宁静的，清风徐来，鸟语花香，蔡青云全身心地沉浸在书的世界里。

施鸿锚在给初中班主任林丽霜老师的信中写道："我的志向是认真对待每个人，用心做好每件事。"初一时，班级参加心理情景剧表演，同学们积极准备，最后只得了三等奖。几个女同学很不高兴，把奖状撕了扔在地上。施鸿锚弯下腰，默默地捡起碎片，粘结复原。她对小伙伴说："留下它作个纪念，让它鞭策我们不断进步。"第二年，在施鸿锚的带领下，同学们不灰心、丧气，不怨天尤人，再次登上校园情景剧的舞台，获得了一等奖。施鸿锚同学坚信，一路用心向前走，就是一个好人生。

高考结束后，李旭霖同学招呼了十来个伙伴，一起来到化学实验室，再一次跟着老师做实验。他深情地说："这里是我们成长的地方，在毕业前夕，我们最想重温当年留下的美好。""谢谢老师们三年来的关心和帮助。"这是2016届苏琪红同学在得知自己高考获得晋江市文科状元后说的第一句话。"我们是同桌，如果我都不帮他，那要等谁来帮。这对我来说没什么，而对天祥却很重要。"人高马大的吴乔泽平静地说。情感，视野，胸怀……这些都是晋江一中学子的成长内涵和人生追求。

以上同学中，与苏琪红同为2016届的蔡青云被北京大学录取；施鸿锚以晋江市理科第二名、高考668分的成绩，通过自主招生被清华大学录取。更重要的是，他们的故事里面，包含了丰富的成长内涵，抒写了求学路上的精彩人生，体现了学校的恒定追求：健全学生人格，提升学生文明素养，既铺设素养成长之路，又架起素养成长之梯，让行走与攀登相结合。

学生的成长是有阶段性的，每一个阶段性目标都需要教育的引领。因此，我们在不同的学段设计了不同的素养梯度目标。

初中三个年级分为三个梯度：（1）热情，态度；（2）目标，守则；（3）涵养，眼量。

高中三个年级也分为三个梯度：（1）人格，修养；（2）抱负，价值观；（3）信仰，情操。

这些素养梯度是对学生心理发育、精神成长的一个导向。心理成熟期有早有晚，设计梯度目标的目的是让学生有健全的心理结构。心理现象十分复杂，目标概念又十分抽象，所以，在每一个梯度目标中安排活动，通过在活动中所反映出来的态度、行为表现，发现问题，探索规律，给以恰当地引导。

对于这些素养梯度目标的内涵、外延，我们也都作了充分的阐释，以利于师生理解素养意义，并以此为标杆、原则，开展活动，撰写故事，记录成长足迹。

初一：热情，态度。

"热情"的内涵：热心，热爱，热诚，热心肠，热望，热衷（爱好）；外延：家庭生活的热情，学校生活的热情，学习阅读的热情，对人对事的热情。

"态度"的内涵：举止，神情，对事情的看法与所采取的行动；外延：对父母、老师的态度（热爱），与同学相处的态度（热诚），行为做事的态度（热心）。

初二：目标，守则。

"目标"的内涵：要达到的境地或标准；外延：行为目标（守纪），品行目标（守德），学习目标（日进），守时目标（自觉）。

"守则"的内涵：自我与共同遵守的规则、要求；外延：守信的守则，守恒的守则，自励、自省的守则，督促共勉的守则，践行，求真、求诚的守则。

初三：涵养，眼量。

"涵养"的内涵：以理性控制情绪，外在的目标、守则内化为理性自觉，在突发的情绪平息之后找出引发情绪爆发的种种原因；外延：为人的涵养，节制的涵养，控制急躁情绪的涵养，精修的涵养，调整心态的涵养。

"眼量"的内涵：扩大眼界，提升眼力，见识深，眼光长；外延：学习的眼量，失败与成功的眼量，进步的眼量。

高一：人格，修养。

"人格"的内涵：性格、气质、能力特征，育成美的人格个性；外延：公民人格（遵守法律、享受权利、承担义务），个性人格（独立、尊严、诚信、自由）。

"修养"的内涵：理论知识、艺术思想达到一定水平，养成正确待人处事的态度；外延：道德修养，思想修养，学问修养，做人修养，审美修养。

高二：抱负，价值观。

"抱负"的内涵：明确自己将来要做什么事、要做什么样的人，正确认识自我，科学设计自我，严格管理自我；外延：特长抱负，优势抱负，潜质、潜能抱负。

"价值观"的内涵：对经济、政治、科学文化、道德、金钱等具有总体的看法，并以之指导人生，具有积极的社会情感；外延：科学文化知识内化为思想、能力、实践的科学价值与人文价值，自尊、自爱、自信的人格价值，善良、诚信的道德价值，自我实现与社会实现和谐统一的人生价值。

高三：信仰，情操。

"信仰"的内涵：信用，忠诚地遵守，信守的准则，相信并承诺；外延："主义"信仰，价值观信仰，人生信仰。

"情操"的内涵：感情和思想的融合，思想专注而活跃，善解人意，通情达理，富有人情味，会欣赏他人，欣赏美的事物；外延：生活情操，审美情操。

作为一种落实，初一年级的素养梯度目标故事可设计为"我的家庭购书活动"，初二年级可设计为"守约就是承诺守时"，高一年级可设计为"尊重别人，先从尊重自己做起"……设计素养梯度目标故事，旨在提供写作方向和写作内容的参考，让师生有章可循。活动的开展，促进了更多故事主题的产生，更多新鲜的故事被一一记录。

以下是几条相关准则：

1. 按梯度目标开展活动，题目即是活动的大体内容；

2. 题目只是抛砖引玉，师生需要根据这些题目所提供的思想线索，引申或拓展；

3. 善于利用班会，以阶段性目标集约为某个主题，对学生作启发、引导，促成相关行动；

4. 围绕主题开展活动后，学生写故事，编选年段"目标故事集"。

我的人才观

从哲学的角度出发，人才观首先体现为发现、考查学生是否有思辨性与批判性，这是独立思考最宝贵的品质。从思维科学的角度观察，哲学的目的之一是让人类更好地使用大脑。教育正是为了培养健全的大脑。

教育涉及科学、人文两大系统学科。完整的语文，应该是统整了这两大系统的学科。

首先，语文应成为一门思维学科。思维是在表象、概念的基础上进行分析、综合、判断、推理。语言是表象，从表象进入语言本质，也就是要抓好文本中的词语教学。常见的教学通病是只把词语作为表象工具，或者把语言概念从文本中抽取出来，作孤立、片面、抽象的解读，致使学生远离具体语境，远离完整的文本，结果也脱离了思想，脱离了思辨。

教师要有敏锐的视角，善于捕捉学生对语言的敏感反应，从中发现新思维的萌芽。比如作业的批改，除了对答案作出正误判断、完整与否的判断，更重要的是发现新思维。批改作文尤应把检阅思辨能力、思维品质作为重要参数。

人才概念的内涵是丰富的，其外延也是多样的。以哲学的角度辩证来看，人才所具有的知识是多元化的，知识可以多而深，也可以少而精；人才所具有的技能也是多元化的，可以是人文科学取向的，也可以是社会科学取向的。同样，创造性的劳动是多元的，可以是传统的行业劳动，也可以是新兴的行业劳动，关键的核心是有贡献。

我们的学生当然也是多元的，是充满潜力的，是尚未经过"打造"的各种各样的"材料"。从人才概念出发，我们的学生正是走在成为人才的路上的人。所以，我们应该明确：我们拥有许多可以成为人才的教育对象。

我校的"四特生"（综合特优生、学科特优生、技能特长生、特定层次生）培养的理念，正是基于这样的人才观——它也是一定意义上的育人观。而其培养方法，应该是不拘一格的。

不拘一格，首先需要关注的是评价问题。对学生要有合理的评价，合理的评价是正确判断、分析后的结论，结论又往往受价值观主导。评价的根本意义在于让学生在成长中获得自强、自信与自由，让学生通过评价获得自我肯定的快乐。这才是正确的"评价"价值观。从这里出发，决定了我们对学生的评价是多角度的，是要讲辩证的。

不拘一格，要求教师有一双发现的慧眼。人才的萌芽有偶发性和当下即时性，甚至会稍纵即逝。发现并追踪萌芽中的隐秘信息，需要教师"慧眼识丹心"，这个慧眼就是有哲学智慧的眼睛。

不拘一格，特别要关注学生非智力因素的作用。教师面前无"差生"，"差"的是发现的智慧，"差"的是教育的能力。人才概念告诉我们，人各有天赋潜能，学生的潜能之所以一直"潜伏"着，很大原因是非智力因素的束缚。非智力因素不仅会束缚学生，有时也常常蒙蔽了教师。

答问：有关教育主张

问：人在一生的发展中，最重要的助力是什么？

答：教育。教育，一是让人有理性：独立、自由、批判和创造。二是引导人去实践：第一，学做人，即有德行，会生存；第二，学做事，即为社会、为家庭、为别人、为自己而做事；第三，学做自己，实现社会价值，实现自我价值。马斯洛的需求层次理论指出人的最高需求是自我实现。人的一生要负责任、有作为，对社会有贡献。这些都离不开教育的助力，离不开持续地学习——学习是一种自我教育。

问："精英"的核心素质是什么？

答："精英"的含义是超群、卓越。因此，其核心素质是善于学习。善于学习意味着：一是善于广纳百川，不断扩容；二是善于独立思考、创新；三是善于实践并从实践中学习。善于学习的人，能做到与人为善，能从优秀者中汲取正能量，能从实践中克服困难、创新发展。

问："应试"和"素质"，有如鱼和熊掌，如何得兼？

答："鱼和熊掌"的命题是舍生与取义的矛盾，按排中律，只能取之一而排他，两者无法得兼。

"应试"和"素质"，则是兼容关系。目前的"应试"改革，正是为了防范两者的对立。应试教育，在一定意义上有助于扎实知识根基；而素质教育，可以盘活所学知识。二者共存，各尽其能。高素质者，应试能力必强。

问：个性发展指标是什么？如何发现、发展个性？

答：人的第一需求是生存，第二需求是发展。教育让生存有质量，使个性有发展。教育价值与个性发展统一，就是指标。

发现与发展个性，是教育的本然责任。教育是唤醒，唤醒之后是发现，发现之后是培养、发展。所以教育工作者首先要有对教育本质的认识，确立符合现代化要求的人才观与培养观。

这个问题的实质，涉及教育本体论。

问：继承与发展本校的"优秀育人"文化，这个"继承与发展"是什么关系？

答：第一，继承必须与发展对接，对历史作否定之否定的扬弃，以应对现代化世界潮流。第二，"优秀育人"必须以现代人才观为标尺。第三，学校办教育，化教育为文化。学校要营造教育的文化氛围与环境。小气候融入大气候，小课堂化入大课堂，化出教育的文化生态，使育人的环境有全天候、多维度的人文空间。所以要优化教育的人文环境，为"优秀育人"提供丰沃的土壤。第四，校史积淀教育资源。既重视积累，又重视发掘，为发展提供"后坐力"。

问：从个性与共性关系说，学校的共性是什么？

答：个性与共性，个别特殊与普遍一般，现象特点与本质核心，是哲学问题。一所学校是个性与共性的统一体。共性指导教育实践，实践出真知，实践出创新，真知、创新又作用于新的实践。个性中见共性，共性以丰富多

| 建一所有哲学追求的学校

彩的有特点的实践来体现。认识学校的共性并不难，难的是如何从实践个性认识共性。

一所学校的共性离开个性特殊性，共性将名存实亡。

问：一个人的特质是怎样形成的？

答：首先要明白特质与素质的关系。素质有两个意义：（1）事物本来的性质；（2）心理学上指人的神经系统和感觉器官上的先天特点。所以先天的素质经过教育才成为后天的特质。由此，尊重并保护先天性，经过后天的教育、引导、催化、促进，在先天的基础上优化，而成后天的特质。所以教育学需要一个基础——教育心理学。

问：一所卓越的学校的标志是什么？如何带头实现目标？

答：问题的实质是一所学校如何实现卓越的目标。

什么是卓越？"卓"是非常优秀，"越"是超出一般。卓越是理想目标，是一个美好愿景。

教育的投入与产出，是一个动态变数。第一个变量是教师的能动性，第二个变量是每一学年的招生。投入与产出呈良好的比例，就是卓越。

一所学校出了一个领袖人物有偶然性，这可以让学校出名。

一所学校为社会各个领域培养各种优秀人才，有必然性，才是卓越。

"带头实现"，目标太窄，压力太大。重要的是要牢牢把握现代化教育的根本，海纳百川，善于学习借鉴，扎扎实实地践行，最大化地利用教育资源。卓越不是市场评估，社会自有公论。

问：一所学校是否应该有自己独特的培养目标？

答：独特的培养目标与一般的培养目标是相对概念。

在一般中求特殊，而不是为特殊求特殊。

基础教育的基础就是完成"一般"，众生平等，有教无类。在一般的发展中发现特殊，然后特殊个案特殊倾斜，确定特殊的培养目标。

问：如何"尊重生命"？

答："尊重生命"有三个含义：（1）尊重生命权；（2）尊重人格权；（3）尊重发展权。

对于生命权，学校给予安全保障；对于人格权，学校给予尊严与自由；对于发展权，学校让学生享受教育平等。

第二辑

我的教学追求

学科哲学初探

在哲学的世界里，学科哲学是一座新的山峰。探索之初，先行者且行且思，渐见光明。

一、哲学是什么

先谈一谈关于快乐的话题。

快乐与不快乐是一对矛盾。矛盾是绝对的，普遍性的。永远快乐，快乐就麻痹了，那时候就需要用不快乐来调剂。

从不快乐到快乐的转化有很多方法。

第一，将当下的不快乐冷处理。以时间的维度，从当下解脱出来。"当下"是时间的瞬间，一瞬间就过去了，在时间的远处观照自己，瞩望未来。

第二，不把不快乐放大。放大容易产生悲观、沮丧等不良情绪。

第三，顺应转化的心理机制，调整心态。以审美的人生态度和智慧的力量，使心理平和、平静，达到和谐。

第四，把不快乐当作研究的对象。快乐的本质是什么？除了有物质追求上得到满足的快乐，还有生活中有所发现、工作中有所成就的快乐，人的价值、人生的意义从中不断获得确证。而不快乐、苦难可以使人获取反冲的能量。佛教说人生无常，佛禅说要心外无物，哲学家则说不幸、痛苦是精神资源。

生活中处处有哲学，问题在于有没有发现，或者说会不会发现。如果缺乏哲学素养，而只有一些所谓哲学道理，那也不会在生活和工作中加以应用。

哲学道理从中学到大学大概都学过了。有不少人认为，哲学是哲学家的事，这是偏见，更让人担心的是对哲学有成见。成见比偏见更可怕。

"实事求是""具体问题具体分析"……这是人们常常挂在口头上的话。但哲学的脾气是较真，一直追问，反复追问。

"实事"就是具体的事实。每一个具体的事实，都不是孤立、片面的存在，有各种因素、条件的联系和制约，发生在什么时间，当事人处在一种什么情况，存在的环境、背景如何，是偶发还是必然，有什么普遍性与特殊性，是本质的直接反映，还是歪曲了本质的假象，如此等等，甚至你只立足于看到的来说事，而忽略了其背后隐藏的更多因素。

所以，要真正还原事实的真相实在太难了。没有事实的真相，如何分析呢？知道了事实的真相，还要把事实放在发展变化的大框架中进行审视、分析。这一点又容易被人忽略。

哲学家研究大千世界这些麻烦而又复杂的问题，最后提出认识世界的总的、一般的、根本的观点，涉及思维与存在、精神与物质、认识与实践等范畴，以及我们熟悉的唯物主义世界观和对立统一的唯物辩证法。

有了宏观的望远镜，又有了微观的显微镜，再加上辩证法分析的手术刀，思想就可以上升到哲学的层面，这样才可能在生活、工作中获得智慧的快乐。

二、我的"哲学观念史"

中华文化上下五千年，其哲学给我们留下了宝贵的财富。

《易经》提出"变易"之道；先秦百家争鸣，提出"道""仁""中庸""兼爱"等核心概念；王阳明提出"致良知"。20世纪30年代，毛泽东根据马克思列宁的哲学思想写了《矛盾论》《实践论》。

《实践论》是实践认识论哲学，是唯物主义认识规律的理论。

《矛盾论》是辩证法，发展了马列主义，把对立统一的矛盾细化为矛盾对立的绝对性与从对立到统一的相对性，矛盾的主要方面与次要方面，矛盾转化的内因与外因，量变质变，质的飞跃，否定之否定。

毛泽东在革命年代特别强调"实事求是"，说"具体问题具体分析"是马克思主义的灵魂。

1997年，以"实事求是"为精神实质的邓小平理论被写入党章，成为我们党的指导思想之一。而习近平总书记所作的党的十九大报告把十八大以来党的理论创新成果概括为"新时代中国特色社会主义思想"，党的十九大通过的党章修正案把习近平新时代中国特色社会主义思想确立为我们党的行动指南，实现了党的指导思想的又一次与时俱进。

让我们来看看西方哲学。

从古希腊哲学开端，直至今日，哲学始终繁荣不衰，各种哲学流派，哲学分支，林林总总，有历史哲学、地理哲学、教育哲学、时间哲学、存在哲学等。

《万物简史》的作者是一位作家，为了写这本科普读物，他在世界各地采访了上百位科学家，把极其深奥的自然科学、前沿科学通俗化。《万物简史》既是一本科普读物，又是一部自然辩证法。

有了哲学的厚土，随着工业革命的到来，自然科学突飞猛进，各类科学家纷纷抢占世界文明的高地，在我们自然科学知识的课本上，几乎都是西方的面孔。人类享受的文明成果，大都来自西方科学家的发现、发明和创造。

改革开放以来，有学者专家感叹，到处都有义化，文化却碎片化了；到处都有层出不穷的观念、口号，思想却碎片化了。每年高考作文，报上登了欧美国家的作文题以示比较，得出的结论大抵是"哲学贫血"。

伏尔泰说："我反对你的意见，但誓死捍卫你的发言权。"自由的发言权是由于有一片思想的天空。我们的思想天空，有多少自由飞翔的翅膀？

三、学科哲学观

作为科任教师，不能只见树木不见森林。

中学的学科，总体上看，由两大知识系统构成——科学、人文。

这两大知识系统反映了人类的认识史、观念史、文明史。它们是客观存在与主观反映、科学实践与理性认识的唯物辩证统一。学生在这样的认识史、观念史、文明史的哺育下成长，作为再认识的学生主体，接受文明成果，并将成果转化为智慧与能力，由此可能为人类新的认识、新的观念、新的文明的产生播下新的种子。

在人类的认识史、观念史、文明史的背后，是科学与愚昧的斗争，是光明与黑暗的斗争。教育改变世界、改变人的命运，首先就是从知识、文明当中汲取真善美的因子，塑造学生文明的人格。

人类的这两大知识系统，也反映了人类自身的发展史。人类在认知中认识自我，发展自我，超越自我。

学科分类，体现的是知识系统的全局与部分相对而统一。各个学科既要有局部观又要有全局观，各守门户而不分离，融汇于共同的育人目标。

四、办学理念与学校管理的哲学思考

我们的办学理念与学校管理可以概念式地呈现为：学生第一，问题教学，时间管理，生态课堂。

学生第一。从"学"而言，强调学生是认知的主体；从"教"来说，教师是教学的主体。两个主体互动，对立统一于培养目标、发展目标。"对立"通过外因至内因的变化达到统一。内因是变化的根据，外因是变化的条件。再多的"条件"，如果不能作用于"根据"，就无法实现知识到能力的转化。

问题教学。问题教学反映的是学与问的辩证法，也反映了人的认知规律。知与未知是一对绝对矛盾，在有限的已知上达到暂时的统一，统一又走向未知（问题），又形成矛盾。在有限与无限之间，永葆求知的渴望。

时间管理。时间管理的依据是时间哲学。时间哲学是生命哲学。人是时间长河里的有限存在。活在当下就是活在瞬间。瞬间无法捕捉，但存在的生命意识可以把生命的意义、价值注入其中，所以存在就是时间里的意义、价值的存在。把握时间，就是把握生命的意义和价值。

生态课堂。不论课程如何改革，不论出现多少新概念、新观念，只要具备哲学思维，就可以以不变应万变。生态课堂本身其实也有一大堆哲学问题等待破解。

随机偶发性与教学目标预设、思维的发散与聚合导引、情感发动与静思安顿、灵活性与原则性等矛盾，如何审时度势，如何适度妥善处理，都是对教师的考验。掌握了辩证法，就能得心应手，游刃有余。

生态课堂还需要灵感。灵感是生命力的灵性展现，也是经验的结果。所以，每一堂课的教学，都是一种创作；一堂成功的课，就是一件师生共同创作的优秀作品。知识、智慧与灵感，其中有心理辩证法。

五、哲学的起点

范畴是一个起点，它是哲学的概念。一般概念是对某一事物的本质的认识，范畴是对所有事物的本质的认识。从事物的特殊性存在到事物的一般性存在，在哲学家眼中，是两个对立的范畴："有"与"无"；无中生有，有中生无；绝对，相对；它们最终统一于物质、精神世界。

范畴是概念的概念，起点就在一般概念。

概念的划分、分类是人类伟大的创造。概念之间有并列关系、同一关系、从属关系、交叉关系。

根据概念的属性，分类学出现了。于是有了达尔文《物种起源》对生物的分类：门、纲、目、科、属、种；有了门捷列夫的元素周期表，人们可以根据其中的规律去寻找、研究，发现新的元素。一篇文章，一次发言，一个工作计划，管理的程序、结构，都离不开对概念的划分。

纲举目张。纲是一个集合概念，划分成为目，知识形成纲目系统，利于思考的简约化。一本书的目录就是书的纲目，图书的归架，也是纲目。学生的知识越积越多，要梳理成为纲目，检查知识的缺漏也依靠纲目。学生怕写作文，就是不懂纲目的意义和作用。知识、思考杂乱无章，很大的原因往往出在纲目上。

教学要面对文本，其中必然有关键词或核心概念，它串起了文本的脉络。文本由其内涵与外延生发，又可还原为其本身。所谓进得去、出得来，分分合合，这属于知识和学习的辩证法。

由概念到判断、推理，从形式逻辑到辩证逻辑，学生掌握了思维规律和思维方法，将受益终身。

六、具体问题具体分析

例如，对"仁、义、礼、智、信"的认识。

学生问孔子"仁"是什么，孔子没有直接回答，而是举了一个学生的例子，说颜回"一箪食一瓢饮在陋巷"，颜回的生活状态相当具体，从中可见他的简朴和贫寒。

在这样的境况下，自然是一心埋头读书，当然也耳听四方，因为在春秋战国时代游学风行，有的想做官，有的想赚钱，颜回不为所动，孔子说这就是"仁"的表现。

在物质与精神之间，颜回选择精神，这是精神对物质的超越，是"仁"的本质，而且能够坚守，可以说这才是人文主义的核心。我们现在讲"仁"，其实已世俗化了。

在这五个词中，"仁"是核心，因为有"仁"，才能维护、坚守正义、道义；因为有"仁"，才待人以敬爱的态度与行为。

"仁"是智慧的超越，又是智慧的结果；因为"仁"，有了自尊、自爱、真诚，推己及人，不欺骗，不虚妄。从关系上说，是行为规范；从品质上说，是人格修养；从社会意义与价值观上说，是达成和谐。

1984年联合国起草《世界人权宣言》，几易其稿，定稿后开头第一句话是："人人生而自由，在尊严和权利上一律平等。他们富有理性和良心，并以兄弟的精神互相对待。"

"良心"这个词是民国张彭春的贡献，他是儒家学者。西方强调理性、自由、法制、人权、个人尊严，但核心还是良心，良心就是孔子的"仁"，是普世价值观。

矛盾法则的普遍性在五个词中得以体现：仁与不仁；义与不义；礼与非礼；智与愚；信与欺。在这些对立的关系中，凸显了人格力量、精神力量及人的社会价值的意义和作用。从具体的实际的问题案例、故事中分析，就是分析彼此的关系、联系，最后达到本质认识。

事物是对立统一的。有正物质就有反物质，有光物质就有暗物质，有负电子就有正电子，一切客观世界都是物质性的。时间与空间是物质吗？

由此可见，哲学是一切科学想象的助推器。

七、构建学科哲学

从一般意义上来说，创建学科哲学的目的是提高教学的辩证逻辑思维含量，不是加重负担，而是使教学变得轻松，使人的理性思维能力得到提升。

做学问的辩证法是从厚到薄。厚积薄发是做学问的重要条件。

从特殊意义上来说，教龄长了，有了丰富的积淀，理应有所提升、超越，达到哲学理性的层面。

学科哲学不是把学科教成哲学，而是将马克思唯物辩证法、世界观、方法论视为准则，在教学实践中透视、分析、概括、提升，摆脱实用主义束缚，解放思想。

教学中渗透哲学思想，是培养创新人才的根本。人天生具有好奇心、想象力。首先要关注的是如何把知识对象化，又使之成为思想工具。

除了要有一定的教育思想，还要有哲学修养、哲学自觉，这样才能开辟出一条不断超越、创新的路径。

学科哲学随想

在我看来，学科哲学首先要研究的是"学科观"，亦即对学科的态度和对学科的总的看法。而态度与看法要遵循一条逻辑线索，即认知—理解—能力和知识的迁移—摆脱经验认知的大胆设想。

除了学科观，学科哲学还研究什么呢？

学科哲学的第二个研究方向是"学科教学观"。学科观是学科教学观的前提和基础。把认识的逻辑规律化为学生的认识规律，怎样教"认知"？怎样教"理解"？怎样使学生具备学科能力？这就是学科教学观的研究内容和方向。

三个"怎样"被教育价值观决定，最终的价值实现体现为学生的两种基本素养：一是学科知识基本素养，二是驾驭知识的能力素养。

从一般情况来看，许多学生会认知而不会独立地理解，会理解又不会活用，知识的迁移能力不足，至于想象力、创造力就更不尽如人意了。

我上大四的时候，学校为我们补上了马克思的《资本论》大纲述要。理论忘了许多，唯有老师从相应的理论框架中抽取

　　　建一所有哲学追求的学校

的一个最基本的元素"商品"还记忆深刻——老师把分析的原理、分析的思路和分析需要的几个角度与方法，都十分全面、透彻地教给了我们。

从马克思对商品的分析中掌握了思考的原则、规律和方法，使我很快就在讲台上站稳了。我认为，有了思考和分析的能力，又知道使用工具书，教学和做学问就有了基础。

归根结底，教学的所有问题就是学什么、为什么学和怎样学三个问题。前两个涉及教学价值观，后一个涉及教学方法论。

学什么的问题主要是认知的概念问题。认识是从概念开始的，尤其是名词概念。婴儿学说话，教他这是爸爸，那是妈妈，学会不同的发音，使他们有初步的名词概念区别就够了。进入基础教育，就要理解为什么是爸爸妈妈，什么样才是爸爸妈妈，这就进入对概念内涵的理解了。对概念轻易放过，或者只知是什么，而对内涵与外延及其使用语境一无所知，那就是鲁迅所说的"人生识字糊涂始"了。

学科观研究学科的本质与特点，就像研究大米与玉米一样，如果本质、特点没认识清楚，教学的根本方向就迷糊不清了。

在我看来，语文大概是语言与思想，特点是阅读与鉴赏，交流与表达；物理大概是物质与运动，特点是能量的转换变化；化学大概是物质与结构，特点是分解与化合。我这是抛砖引玉，还需要依靠大家的智慧，最终对各个学科有一个比较正确的性质、特点的定位。

总的来说，学科哲学就是用哲学思想去研究学科观和学科教育观。落实下去，就是根据这"两观"编写各科的教学大纲。

记得最初任教于侨声中学时，教历史的第一课就别开生面——"地图加棍子"。带着这副装备，我一上讲台，下面一阵骚动，都误以为老师凶，谁倒霉谁就要挨打。不料我举起长棍画了一条长直线说："我们中国的历史源远流长，我用这根长线来表示时间，这是一个5000年的时间轴。""各种历史事件，社会的治与乱，分分合合，最后都汇流于这一条历史长轴，可谓源远流长。多美的长轴啊，可以比作民族的血脉，中华的脊梁，大厦的梁柱。"最后，我以唐太宗的名言"以古为镜，可以知兴替"来总结历史课的价值与意义。教的招数其实很多，各课型都有不同的方式和方法。从此学生喜欢上了历史，考试分数都在90分以上。

后来又教了两届英语。我根据英语学科的特点，从语音的重、轻、升降调到词类、词性、时态进行归纳、综合、分类，学生的英语成绩刷新了晋江纪录。更奇妙的是，在教时态变化时悟出了生命的时间意识与时间管理。后来，到晋江一中就提出了有关办学的时间管理的理念。

学科哲学思想经过时间的孕育，水到渠成，顺理成章，瓜熟蒂落，学科哲学课题便呱呱落地了。

教学改革多年，百家争鸣，最后集中到一点：素质教育。

把"基础教育"改称为"素质教育"，是对"基础"理解的推进，但是，若能把两者加以结合，形成"素质基础教育"的描述与概定，就更完整、合理了。把"基础"的含义推向生理、心理层面，"基础"落实在这样的认识上，包含了尊重，还可避免揠苗助长。

大数据信息时代对语言的影响是语言"干货"的大量出现。如果只满足以"干货"充饥，后果难免是思想的贫困。

教科书上就有许多"干货"。爱因斯坦有个质能公式 $E=mc^2$，学生吃下这个"干货"，老师又要帮助他们把"干货"化为水系、水网，追本溯源，最后又回归"干货"。能量是物质与运动的关系，是质量与速度的关系；质量是物质的量与结构的关系，速度是空间距离与时间的关系；改变物质结构关系，能量转换，于是化学、物理既联姻又划分各自的系统；速度是质量与力的关系，提供各种力的条件，速度变化为各种形态；从外力到内力，改变原子结构，裂变、聚变，质量乘以光速的平方，就是核能。

爱因斯坦的这个公式既是封闭的又是开放的。物质有明暗之分。暗物质已被发现，因其难以捕捉而使科学家产生无限神奇的想象。光速为什么是速度极限？空间与时间也是质量吗？物质无限可分，结果是什么？

举这个例子是要说明科学的哲学思维对科学研究是何等重要。

再举一个例子——"自由"。对它的第一种解释是：不受拘束限制；第二种解释是，认识了事物规律去自觉实践。

按第一种解释来看，"自由"首先是关系，个人与众人的关系，自由与不自由的关系。个人自由以众人的自由为条件，个人不受拘束和限制是以规范、公则的拘束和限制为前提的。这是外部的自由原则。

而第二种解释更趋向内部的自由。自由地管理自我，取决于对自我的认识。人皆有无限的可能，无限的可能根植于正确地认识自我并科学地设计自我，把无限的可能化为自我价值并获得社会认可的社会价值。

举这个例子是要说明人文科学的哲学思维对人学研究的重要作用。

"学科哲学"的提出，引发了许多概念：学科观、学科本质观、学科价值观、学生观、素质教育观等，似乎又衍生出了另一种复杂。

中医高手有"妙手回春"的美誉，家中常挂着这样的锦旗，它自然不是被"职称"评出来的。中医高手一般都有家传秘方，这种秘方是从丰富的临床经验中总结出来的，分析—概括—提炼，抵达规律，慢慢上升到哲学层面。"望闻问切"，是实践论；表与里，冷与热，虚与实，阴与阳，是辩证法。中医既研究病理，又研究药理，还研究病人的心理特征、生活习惯、生活方式等，单列出来，都可写成鸿篇巨著，但总括起来，只有实践论与辩证法。

中医与西医结合，互补共进，还是实践论与辩证法。极端思维非常可怕，切断了事物存在的种种联系，抛弃了事物存在的各种条件、根据，孤立、片面、静止地看待和对待事物，思想一绝对化，就可能走向任性、专制。当我们说这是一个个性化、价值多元化时代的时候，还必须审慎地意识到，这还是一个有公共意识和核心价值的时代。

我认为，一堂好课，一定有一个灵魂深谙实践论，贯穿辩证法。实事求是地解读文本，又以辩证思维把知识点联成系统；不仅知道知识的基本概念，还能一层层透析知识背后的思想和文化的意义与价值。

具体地说，是要有一个好的故事。教师不缺知识和道理，会讲好故事就难了，有时候你讲了许多道理，还不如讲一个好故事。

春秋时代百家争鸣，战国时代合纵连横，流传下来许多故事。从《春秋》到"列传"，从"列传"到《史记》，故事越来越多，道理变成许多生动的故事。司马迁是说故事的高手，另一个高手是庄子。

老子的《道德经》到了庄子的手中，变成了一个个寓言故事，许多成语就是从这些故事中出来的，所谓成语故事。道理化为智慧，智慧融入生活。晋江有丰厚的历史文化积淀，它们很多都存在于民间故事当中，好的民间故事都有哲学思想。

学科哲学＋学科哲学故事——不是模式化、绝对化，而是作为探索的方向。

"互联网+"，并没有固定应该加什么，留下一个"加"的空间。"消费侧"，"侧"是旁边，跟"正"相对，"消费"是"正"核心概念，由核心概念推演出环境保护、消费水平、消费心理、消费感性与理性观念，疏枝散叶，既繁荣了"消费"，又回归本源。所有的教育改革，都不能离开教育规律。对事物规律性的认识，就是深入到了本质特点和意义价值。所以，学科哲学是在最高层面上，以马克思主义哲学观和方法论去认识教育规律。认识了规律，才有自由。一进入"自由王国"，就能自由地驾驭教材，又激发自身的创造性。

从"互联网+"这个概念得到启发，"核心概念+"可以如何演绎呢？"+"文化故事，"+"问题教学，"+"师生互动，"+"学习性研究……但不能烹成大杂烩。教育创新不能丢弃教育传统。因此，"核心概念+"，还可以"+"少而精，"+"启发式，"+"讲练结合。只要加得符合教育规律，就不能以绝对标准加以排斥。

学科哲学的几个理路

一、从困惑中走出来，获得智慧生活的快乐

先谈谈三个概念：动机、效果、因果论（原因和结果）。

动机与效果、原因和结果是两对概念，相融而有别。原因和结果，是物理世界存在的普遍原则；动机与效果，是人类世界的普遍原则。可以以原因和结果来解释人类活动，但物理世界的原因和结果却无法完全解释动机与效果。因为只有人才有动机，无生命的物理世界，无人类智能的生命世界，无所谓动机。什么是动机？动机就是对未来目标事件的当下愿望。

物理世界的因果论也不能简单理解。一块石头在台阶边沿，被人一推，就坠落在地。简单理解，用手去推，是因；石头落在地上，是果。进一步深究，有三个原因：第　，石头本身的重量小于推的力量；第二，石头的位置重心不稳，或底面积小；第三，地心引力，使石头自由落体。所以除了动力因之外，还有三因——物体因，位置、形式因，地球重力因。

流星雨的物理现象比推石头坠落到地更复杂。地上一块陨石，是小行星运动的结果。有多少原因才导致这样的结果？质

量加引力，在大气中摩擦燃烧，因为质量足够保证不完全被毁灭，因为地球引力恰好能把它吸引，但是在许多流星被燃烧而毁灭之中，落在地球上是一个必然之中的偶然事件，偶然之中又有多种原因。

动机与效果比所有的物理事件复杂，复杂到甚至无法找到一个终极答案。学科哲学维度上的教学改革，是美好的愿望，是因为对当前的教学现状有忧患意识，因而几个人才产生美好愿望。愿望要变成大家的共识，共识要有一个共同的目标，共同的目标要凝聚成合力，众人拾柴火焰高，大家都给力，还要有人敢吃螃蟹，敢于试验，不怕失败。同时必须看到，要形成这种共识和合力，绝非简单而容易：除了对学科哲学的陌生感，还有管见、偏见与成见。成见最可怕，因为这是固守经验而对自我的束缚，这种成见的扩散会造成负面的影响，除此之外，是学科哲学探索过程中可能出现的自我纠缠、混乱。

要了解学科哲学意义上的学科观、学科本质观、学科价值观，前期是学哲学，学实践论、矛盾论，但释放出来的可能是一个个谜团。再追踪原因，原来缺乏哲学思想准备，教学工作又像一台机器，大家紧固在相应的工作岗位上，功利性的实用主义，束缚了思想自由，所有这些原因，追踪到教师以前所受的专业教育，就是缺乏健全、扎实的知识结构的基础。

美好的愿望必然带来诸多困惑，而困惑又成了丰富的思想资源。哲学诞生困惑。从困惑中走出来，获得智慧生活的快乐。

二、为什么把阅读与表达作为学科哲学的主要研究对象

一个很重要的理由是：所有学科教师都必须具备文本（包含文字文本、数字文本、符号文本等）阅读的修养与能力。著名学者陈平原说："人这一辈子，语文决定。"——我的理解，他说的不只是作为学科的语文，而是指的广义的阅读与表达。

通过阅读，感悟语言规范及其使用规律、方法，使思维有序而活跃；在阅读与表达中，提高思维与思想品质。

亚里士多德认为，哲学就是研究语言概念，研究词的本义。词的本义既是认知对象，又是判断的第一要素。

认知本义，就是解释和说明。作为判断的第一要素，要与其他词语概念发生关系。亚里士多德概括了现象世界的十大概念（哲学范畴）：实体、品质、数量、关系、地点、时间、姿态、状态、动作、属性。

一个概念的形成是对现象的抽象，具备普遍性，与"实体"结合，概念就是实实在在的个别特殊，再分别与其他九个概念结合研究，新的事物就被发现了，新的思维就产生了。人的自由意志只有在这样错综复杂的关系中，才能培养出独立思考的能力。

罗素进一步说，不能把概念的认知简单地说成是感官知觉，还应该尽力从灵魂的角度去认知定义。灵魂的角度，指的是思想、情感、意志，把心理学的要素融合进去了。

阅读与表达的概念观和方法论，涉及语言哲学。这既是对前人的哲学成果的吸收和概括，又可以把当前的学科教学推向前沿。

每推出一个新的项目，都需要设计一个明确的题目，所谓"名正而言顺"，说到底就是思想的表达要求一个凝聚的中心，一个或几个核心概念，由此寻找关系演绎成思想见解。

最后一个意思必须强调，教师的阅读与表达，是为学生的发展、学生素养的提升服务的。

三、教学是思想方法的具体训练

要把思想方法变成思想工具，转化的关键是对概念的质疑、思考、分析，最后获得思想成果和表达效果。因此，教学不仅要通过文本知识的认知、理解、记忆，还要授之以"点金术"，让学生掌握思想方法，又把思想方法转化为思想的工具。

教师在"二本"（学生为本，文本为本）之间，要有几种角色的灵活转换：引导者、促进者、教练、裁判。概念观和方法论仿佛知识拼图，把完整的文本拆散，再重组，以训练学生的拼图能力，又把知识拼图变成知识魔方，促进能力向智慧转化。

四、概念观与方法论的训练

1.“擒贼先擒王”：首先是抓取核心概念的训练。

2.概念开源训练：从概念中破题找思考线索，把概念分类编提纲。

3.审题训练：根据概念的定义确定思考方向和范围，以及表达的方式。

4.学生文本解读、表达的训练：让学生讲述文本，发表看法。

5.集约训练：另设课堂时间，专授学习方法、思考方法，多学科教师合作成立教练员团队，出题训练。

五、让课堂教学呈现哲学意味

让记忆久远的是意味。哲学意味就是化知识为智慧的意趣、情趣。

文化故事精准切入教学，是一种方法；

从概念中质疑引出问题，是一种方法；

从定义中拓展思路，引发学科知识的渗透，是一种方法；

课程结束，从知识上提出新的质疑让学生思考，是差别教学的一种方法……

从知识层面上适当超越，点评科学价值与人文价值。

课堂结束前，教师总结一堂课的解读方法。

概念教学例说

学生问：什么是哲学？

老师答：哲学是一种生活方式。他借助了一位哲学家的回答，不是对哲学的定义，只是一种俏皮的说法。

学生又问：什么是生活方式？

老师想了想，讲了三个故事。

第一个故事，有一位哲学家在市场上闲逛，看到大家都忙忙碌碌地问价、讨价、购物，他哈哈大笑，"原来有这么多东西都是我不需要的"，然后走了。

第二个故事，说的也是一位哲学家，几乎整天在外与人讨论、谈话。有一天天快亮了，哲学家才漫步回家，妻子大发雷霆，又与他吵了一架。当他转身要走时，不料一盆凉水劈头盖脸地浇了下来。哲学家脸上没有惊异之色，只是笑笑说道："我知道雷电之后，必有一场倾盆大雨。"

还有一个是大家都熟悉的小故事。牛顿整天泡在实验室里，由于专注于物理研究，平时用餐都没有太在意，有一次竟然错手把手表扔进锅里当鸡蛋煮了。牛顿是物理学家，也是科学哲学家。

故事讲完了，老师又说，三个哲学家各有自己的生活方式，涉及消费习惯、家居生活、饮食习惯等，你们想当这样的哲学家吗？

学生纷纷议论，其中一位大声说："我才不想当这样的哲学家！"

一位女生忽地站起来："老师，给哲学下个定义吧！"

老师会心一笑，说道："首先要明白，什么是'定义'。词典里的解释是：对一种事物的本质特征或一个概念的内涵和外延的确切而简要的说明。哲学就是关于世界观、价值观、方法论的学说。哲学是在具体各门科学知识的基础上形成的，具有概括性、抽象性、反思性、普遍性的特点。"

还是这位女生，静静地站着，可能是在思考老师对哲学的定义的解释。大家想了解更多，便催着她："说呀，怎么老站着？"

"我更不明白了，这么多名词、概念，理解起来要费多少时间和精力呀。但是我又明白了，哲学家只能过哲学的生活方式。我不会去做哲学家，但我喜欢哲学家的智慧，它们甚至像一个儿童，好奇又好玩，也很幽默风趣，其中蕴藏着很多人生的道理。"

这位老师有丰富的教学经验。对于学校提出的"学科哲学"，他抱有怀疑的态度，甚至有抵触情绪。一个偶然的机会，让他对哲学的定义作了深入的思考，慢慢地从抗拒到接受，最后将其转化为教学实践。他是一名语文教师，以上是他的一次代课的经历。后来他写了一些教学漫笔。

柳永的《雨霖铃》

"伤离别"是古典作品常用的主题，既有普遍性，又有特殊性，极具个性化特点。"寒蝉""骤雨初歇"与"冷落清秋节"相呼应，以离别的季节、气象烘托，与人的情绪发生通感。"长亭"点明地点，"帐饮无绪""兰舟催发""执手相看泪眼"和"无语凝噎"描述了离别的情状，而下阕的"酒醒"是离别后的怀念。上下两阕虚实结合，在字里行间进行时空拓展，给人以想象的空间。

以"伤离别"为核心概念，整阕词的内容便梳理得很清晰，紧紧围绕着这个核心概念来进行情感抒发与文字叙述。

"伤离别"是个抽象概念，从抽象到抽象的具象，"伤离别"就有了个性特殊性。

从"伤离别"概念的内涵、外延研究，教师发现了这阕词的情感价值与思想文化价值。世代叠更，友情、亲情、爱情，其诚相悦相知，哺育众生心灵的温暖，外延拓展，"伤离别"个性化。今天，交通便捷、社会安定、信息畅通，但每一个生命都是漫漫长路上的过客，正所谓天下没有不散的筵席，聚散两匆匆，但每一个人都应发展各自的人际圈子，总会有人真情相伴。

郁达夫的《故都的秋》

散文形散而神不散。郁达夫的文章洋洋洒洒，对比、铺垫、渲染、烘托，调用一切文学描写手法，文意与情思交集相融，最后在《故都的秋》中注入了一个核心词："骆驼"。

"比起北国的秋来，正像是黄酒之与白干，稀饭之与馍馍，鲈鱼之与大蟹，黄犬之与骆驼"，"骆驼"是一个意象，意象的寓意跃出文意又深入底里，让人产生探究的欲望，回味无穷。

北国之秋也很美，落叶、小草、瓜果、阳光，是何等澄澈、清亮、艳丽，但无不反衬出北国之秋的"悲凉"。"悲壮"与"柔美"异质，所以"骆驼"的意象蕴含着悲凉、悲壮之美。

文学作品的词语概念加上个性的审美特质，就成了活生生的形象。

巴金的《小狗包弟》

写人记事也有关键词语与核心概念，在巴金先生的《小狗包弟》中，一个是"熬煎"，一个是"歉意"。"文革"的惨状在心中长时间的"熬"，痛苦的程度近似"煎"，两个字都由"火"字旁组成。词义都有叙述的具体事实为根据，人命都难保了，还要保护一只小狗，又保护不了，无奈送去医院，最终是会上解剖台的，所以对小狗充满"歉意"。

从"熬煎"到"歉意"是一种精神升华：巴金不明白为什么人性

与兽性如此颠倒，找不到答案自然"熬煎"，但是终于明白，只要坚守人性之善，人类就有光明。所以，巴金的向小狗"致歉"这一行为，让我们读到了人性的光辉。这两个关键词统领全文，又能让人从中领会到文章的人文价值，由此可见，抓关键词何等重要。

朱光潜在《咬文嚼字》一文中说出了语言教学的真谛：汉语在文学作品中的使用，使汉语充满魅力，扩展了汉语的使用空间与可能性。古人讲究"文眼""诗眼"，这就是文本中的关键词语、核心概念。准确地抓住了主题、要旨便能提纲挈领，于是这一堂课也就有了灵魂。

说话、写文章都可以提炼出若干关键词语，从关键词语追踪到核心概念，从核心概念深入到概念的内涵并进行思想外延，从内涵中立意构思，树起了表达的主心骨，从外延中谋篇布局，进而铺衍成文。这是说和写的逻辑过程，也是读和解的辩证法。所以教师的学科素养的形成，端赖于形式逻辑与辩证逻辑思维的培养。

所有学科都要面对文本阅读，如何从文本中准确地发现核心概念，既是对"实事求是"的考验，又是对"具体问题具体分析"的验证。

学科哲学说到底就是"核心概念+"，这是对"互联网+"的移花接木。两个概念是虚，"+"的是语言实体、实体经济之实。

"核心概念+"是学科教学原则。"核心概念"是学科内容本质，"+"是学科内容的特点、特质。实事求是地以核心概念统率全文，又具体问题具体分析，最后回归核心概念。"+"又是一个不定数，只要核心概念一旦确立，条条道路通罗马。

这位老师谦虚地说："学科哲学的理念和方法都很切合教学实际。我还是学科哲学的门外汉，对于学科哲学还要进行更深入地探究与了解，抓准核心概念的运用。"

我说："看了你的教学漫笔，我发现你其实已经掌握了学科哲学的真谛。"

"知识"随想

我经常翻看老师们的教案，努力走进他们的思想世界；我也喜欢走进老师们的课堂，随听随想，择机交流，甚或观念碰撞。

我认为，一个校长不仅应该是管理方面的精通者，也应该是教学的理论思考者和实践参与者。无论是自然科学知识还是社会科学知识，它们相互之间都是贯通的，其教学规律也是一致的。这让我始终和教学一线的老师们肩并肩在一起成为可能。

一、知识的封闭性与开放性

知识单元的教学目标是限定的，在这个范围内，知识系统相对封闭，但系统与系统之间又有链接点，形成一定的知识逻辑链条。在一条知识链中，每个知识点都是核细胞，它的触角向四周散发，向未知部分延伸，新的触发点需要创意，需要火花，能在新知识新世界部分发现同样的道理，这就是知识的迁移，更是想象力、创造力的体现。

例如物理学科的《超重与失重》，超重与失重这两个概念的中心词是重量，重量是一种关系，物质的质量与力的关系，质量是不变的，如果提供条件让质量内部的关系发生变化，那么会产生怎样的能量运动？如果学生们学会了这样主动的思考，不是局限在原有的知识框架里，而是提出不同的知识条件，那么这样的思考是极具价值的。老师教给学生的不应该只是一个封闭系统里面的知识，而是让他们学会从知识外部去理解知识内部的变化，也就是提供一个新的视角去思考固有的知识。这样的教育启发与引导，附加值无疑更高。

二、知识的辩证性与历史性

知识的内部充满着辩证法，用心思考一下，处处可见思辨之光。思想政治学科有一课《面对经济全球化》，经济全球化是"一个最好的时代，也是最坏的一个时代"，我们享受着高科技文明，却也同时面临各种令人担忧的隐患。在作为全球化的一部分的智能时代，有多少人患上了手机依赖症？有多少同学染上了网络游戏之"毒瘾"？

无疑，隐患是科技和文明留下的空白。落后要挨打，发展了要挨骂。经济全球化是机会也是挑战。学习"经济全球化"，要从基本知识层面出发，关键是如何运用马克思的政治经济学原理，用辩证法思考产品与劳动的关系、品牌与商品的关系、生产力与生产方式的关系、生产技术与智能信息的关系，最后再回到中国的全球观：和而不同，共同发展。还要运用《联合国宪章》的知识，以自信、自强面对经济全球化的挑战。所有的知识和方法都要贯穿辩证思想。

我读过雷艳老师的一则课堂实录：

小A是一位后进生，上课很不安分，不是搞小动作，就是拿出小镜子自我欣赏。父母是生意人，对小A的关心不到位。

老师以希腊哲学家泰勒只顾望天象不慎跌入浅坑的故事开头，还没说完，小A就打断了老师的话，说这是一道中考作文题，"我不会写"。

老师随机应变，转入另一个话题，由苏格拉底临刑前的一句话"我还欠人家一只公鸡"引出心理学家的一段话：如果你只能活三天，你最想带走什么？你最想做什么？你最想对孩子说什么？

小 A 抢先发言："我不想带走什么；我最想做的是带父母去旅游；最想对孩子说的是好好学习，好好工作。"

老师在这样的互动中顺利地完成了教学。

第二天小 A 的班主任又疑惑又惊喜地问雷老师："昨天你的课上发生了什么事？小 A 突然认真了，日记写得很不错。"

以上实录，讨论和发言的具体内容都省略了，小 A 日记的内容也没有出现，但还是可以从中发现几个方面值得思考。

雷老师这堂课是成功的。我说她成功，首先是从教师的课堂素养来说：一方面，教师的备课比较充足，她储备了一些教学知识资源，可以临场抓取利用；另一方面，教师思维敏捷，应对能力强，善于随机应变。

其次，从教学效果来说，虽然只以小 A 的转变为例，但这个小 A 具有典型性，连这么一个不安分上课学习的学生都转变了，那么其他的同学大概思想上也会有所触动，这是典型性与普遍性的结合。

在这里请雷老师原谅，我疏忽了这一堂课的课程目标，我猜测大概是为了探讨哲学与生活的关系吧。不知雷老师的教案中是否预设了这个价值目标，如果没有，那就是无心插柳的意外收获了。生态课堂激活了学生的思考，意外就会不断生发，因此如何随机、巧妙、有智慧地处理课堂是一种考验。教学有定法，又没有定法，这就是一般与特殊的关系。"定法"是从规律性中提取出来的，同时，规律性要面对的是学生的特殊性表现，所以规律、规则需要与灵活、机动相结合，这不仅需要智慧，还需要灵感。

我们再作一些深入思考，教育的一般性规律是怎样得到的呢？只有研究事物的特殊性，才能获得规律性认知。世界是以特殊的个别存在为前提的，没有个别具体的存在就没有世界。人是最有特殊性的存在。面对全班学生，不可能就一个个特殊个性去研究，即便再细心、耐心的班主任也不可能做到。认识一般规律就只能通过抽样调查和概率统计。恰好小 A 这个"特殊"主动跳了出来，自然成了关注的焦点。这是一个偶然，但因为掌握了一般规律性，偶然就有了必然。偶然与必然的关系中，还有一个内因与外因的关系。为什么小 A 上了这堂课就突然转变了？所以这堂课还有更重要的意义。转变一个人的思想一定有他内在本质的"基因"。从雷老师提供的案例中，我们可以看到小 A 的本性并不坏，照镜子这一表象背后是自爱，这样的自爱又与一般的自爱不一样，大概是因为父母缺乏对他的关爱教育，使他缺乏上进心，但他至少在缺乏他爱中能守护自爱，我们从中看到了他的自尊。所以当作为外因的"生死观"教育切入他本性的"基因"，他的学习态度就转变了。他有转变的内因根据，外因条件正好触碰了他的内因，情况就开始转变。

一般与特殊，偶然与必然，现象与本质，外因与内因，道理简单，貌似枯燥无味，但是一旦面对特殊学生的教学价值得以实现，教育探索的乐趣与教育创造的快乐就蕴藏其中了。

知识辩证性和教育的辩证性是不可分割的，它们都融合在我们的每一节课中，每一次教育活动中。

三、知识的情境性与审美性

知识的教授需要一定的情境。在一定的情境中享受人文之美，这是语文课的特别魅力之所在。语文课本中有一篇美学家朱光潜的文章《咬文嚼字》，为如何赏析文学作品提供了范例。文学作品往往以语言来塑造形象，表情达意，所以赏读时要从咬文嚼字开始。

例如杜甫的一句诗，"嫩蕊商量细细开"，可谓意味无穷、耐人遐想。春天来了，嫩芽长出新叶，这是可感可叹的具体形象，但还没有挑动我们的特别感官。杜甫嵌入"商量"，于是嫩叶有了人化的特征。"商量"是沟通、交流，情感真切、融洽，并"达成共识"："细细开"，以不辜负大好春光。这样一解读，所有的嫩叶都生动活泼起来，它们不仅仅是大自然中可赏观的景物，还是一个个有血有肉的精灵。我们感受到原来"嫩叶"深怀着对春的感恩并作出回报，它们也有创造美的理想。这样浓浓的诗意和美感，言犹未尽，唯有在具体的语言情境中才可能还原、彰显。

又如《赤壁之战》的第三句："苏子与客泛舟游于赤壁之下"，"泛舟"

就值得咀嚼。"泛舟"的"舟"指小船，小而轻，与"游"结合，坐船游玩的兴致就表现出来了，以下的举酒、诵诗、歌章，都由"泛舟"引申而出。诗人仰而观月，极目远眺，联想"纵 一苇之所如"，"一苇"又与"舟"呼应。接着由实写到虚写，想象"凌万顷之茫然……羽化而登仙"，根据全由"泛舟"与风的关系而来。

词与词勾连、呼应，营造了具体的情境，于是句子的流动便有了文气，内在的蕴涵就有了意脉。文章流畅而不滞涩，凝聚而不松散，读起来朗朗上口，想起来画面、意境皆备。如果在分析课文时，只挑出关键词语，而不还原具体情境，学生的语感，即审美能力就无法得到培养。

四、知识的整体性和系统性

每个学科，每个知识体系，都有其整体性特征，它的内部系统是不可分割、不可断裂的。

比如课程标准，就是一个值得研究的课题，拿建筑标准来比当，建筑的前期准备就是一个系统工程，首先，自然与人文环境、地质与地貌、环境与美学，这些都需要研究。建筑项目确定下来，就要开始研究结构与材料、施工技术与方法、建筑样式与风格特点，最后才考虑商品价值与使用价值。而备课和教学，比建筑工程更复杂、更深细。如果没有充分准备，只按课程标准去套用，那就成了新的教学形式主义。

用"课程建构"的提法更符合教学本质，这样可以改变单纯知识的平面化教学，"建构"的意思是消化、吸收课本知识后进行重构，以多维的思想与哲学智慧构建立体式教学。教育是一个系统工程，由课程标准、课堂教学、学科评价等子系统构建而成。

守护心中的哲学明灯

巴金在散文《灯》中说:"我自己也有过这样的经验。只有一点微弱的灯光,就是那一点仿佛随时都会被黑暗扑灭的灯光也可以鼓舞我多走一段长长的路。""灯光,不管是哪个人家的灯光,都可以给行人——甚至像我这样的一个异乡人——指路。"

哲学,就像一盏灯,或许它忽明忽暗,但能为走在人生旅途上的人指路,给他信心,给他方法,给他力量。

一、让哲学明灯照亮问题世界

高二年级设计了一道作文题,写作材料是雷抒雁的诗歌《星星》:"仰望星空的人 / 总以为星星就是宝石 / 晶莹,透亮,没有纤瑕 / 飞上星星的人知道 / 那儿有灰尘、石渣 / 和地球上一样复杂……"

这些诗句可以生成哪些问题呢?

1. 有科普常识的现代人,知道太空物质的复杂性,难道因此妨碍了对星星的好奇与想象吗?

2. 早在人类的童年时代，星星就是神话传说的创作题材，这妨碍了天文科学的进步了吗？

3. 了解太空的真相与仰望星星的想象，二者之间难道是对立的吗？

4. 如果说距离的远近成为美学的判断标准，那么其中是否缺乏辩证法则？

5. 美的事物有瑕疵，这是否影响了人们对美的欣赏呢？

万事皆无绝对，事物自身往往存在对立面，需要用思辨的思维，站在不同的立场看待问题。

哲学给我们提供了抛出问题、思考问题的机会。驳诘、反问这种问的方式体现了批判思维的特点，思想的复杂性源于事物的复杂性。正向思维与逆向思维，疑问与反诘是敲开问题世界的两把钥匙。思辨地考虑问题，进而去探究事物的本质，在此处至关重要。

课程改革之初，对于什么是课程标准，什么是问题教学，什么是综合实践，没有一个明确的评判标准。在教育实践的过程中，遇到这样或那样的困难，但是我们一步一步走过来，取得了一些成功，获得了一些经验，也遭遇过瓶颈，与此同时，现在又面临高考新政的推出。问题错杂，矛盾交织，接踵而至，怎么办？这时便需要我们站在更高的位置，让哲学的明灯照射教学的诸多问题，以全局观进行分析，掌握解决问题的钥匙，用冷静的心态及时处理问题。

二、让哲学明灯照亮三个维度

有这样一个故事：一支西方考察队在神秘的原始森林里考察，请了当地的印第安人做向导。每次连续行进几天以后，这位印第安向导都会要求队伍停下来休息一天。他说："我们走得太快了，灵魂跟不上，要停下来，等一等灵魂。"在古印第安，人们相信，灵魂是跟着人行走的。如若人走得太快，灵魂会跟不上。是的，诚如哲人所说，我们常常走得太远、太快，以至于忘了自己是谁，从哪里出发，以及为什么出发。没有坐下来思考一下，我们的方向是否正确，我们的方式是否妥当。

学科哲学的理念，时时提醒我们要停下来思考，搁置旧观念、旧经验，了解自己真正需要的，明白真正适合自己的，坚定自己应该坚持的，寻找自己应该创新的，以便向新的目标前进。其实，这个道理跟印第安人的故事相差无几，有时候我们需要放慢脚步，思考，调整，改进。

什么是学科哲学，为什么研究学科哲学，怎样研究学科哲学，也就是，如何在哲学的层面思考学科问题。它有三个维度：学科教学是什么，这是本体论；学科教学为什么，这是价值论；学科教学怎么办，这是方法论。由此可以推断，学科哲学研究的是三个方面的内容：一是学科观，研究学科本质内容；二是学科教学观，教什么，学什么，思考价值与意义，为什么教；三是实现以上目标应该怎么教，怎么学。这也是教育的"二本主义"：立科之本，立生之本。

在当前的研究与实践中，我们可能更多地关注"是什么"和"怎么办"，而轻视了"为什么"。研究与实践的意义应该置于动手之前，明确目的，才能准确地切入问题，才能更好地推进"怎么办"的运作。很多的教育问题，我们早已司空见惯，而教育的核心价值、教育的本质要求、教育的内在规律沉潜于水底，大多数人看不清，摸不透，是非难辨，模糊不清。对教育的核心价值和内在规律，如果没有清醒的认知和准确的把握，任何的教学改革实践都可能是雾里看花、隔靴搔痒。只有让哲学的明灯由表及里照亮教学的内核，才能在改革的风浪中"胜似闲庭信步"，把课堂教学改革推向深入，让课堂教学改革落到实处。

三、让哲学明灯照亮理想之路

前些年的一天，福建师范大学余文森教授来到我们学校指导学科哲学的研究与实践，他说："朱自清先生曾于1924年提到，'教育并不是一件容易的事，教育需要信仰'。当前，面对各种利益诱惑和潮流冲击，教育者需要定力，守住心灵深处的精神和价值。学校特别需要哲学。"信仰来自哲学意义的衍生，从哲学中探寻教育者的信仰，让哲学明灯点亮教育的理想之路。

教师不仅是知识的劳动者，更是思想的劳动者。播种思想与传授知识，不是同一概念。曾子说"吾日三省吾身"，说明反省是思想的淬火。我国著名哲学家冯友兰先生说，"哲学，就是对人生有系统的反思"。学点哲学，对事物作思辨性思考，就是走上一条自我反省、自我提高的发展之路。

在我们学校，许多教师在这样的哲学明灯的烛照之下，开始了对学科哲学的思考与实践。黄家策副校长基于丰富的实践经验，提出"带着学科思想泛游化学殿堂"的化学教学主张，受到专家的好评。郑志雄副校长的观点是："学科哲学就是以新的思想高度评价学习的价值。"张友力副校长则认为："学科哲学是对那种日复一日的重复式的教学模式的超越。"

教务处刘用旺主任系统研究了中外教育哲学的发展状况，他说："学科哲学不是把学科教成哲学，而是把马克思唯物辩证法、世界观、方法论视为准则，在教学实践中透视、分析、概括、提升，摆脱实用主义束缚，解放思想。"用哲学的角度去看待学科教学，在教学实践中检验哲学思想，两者相辅相成。

2014年3月22日，在上海举行的"东方讲坛·文汇讲堂"上，上海复旦大学张汝伦教授以"哲学的意义与批判的价值"为主题作演讲。他说："哲学的意义不能简单地用量化标准衡量，哲学可以让人摆脱实用思维的束缚。中学老师要将理想主义传递给学生。"教师应该开阔思维，不能过分依托已有的经验，从哲学思想中发展属于自己的精神脉络，并引导学生学会从哲学的角度去看待问题。

让精神生长，让灵魂发育，才会有朝气蓬勃的生命，才会有不断出彩的人生。哲学以理性的方式去探讨生活问题、教学问题，揭示其中隐含的意义，有助于教师保持生命之树长青，使自己的教育人生绚丽多彩。

四、让哲学明灯照亮理性思维

法国哲学家笛卡尔曾言："愈学习，愈发现自己的无知。"在庞大的知识体系面前，我们不能拒绝智慧，更不能泯灭真诚的好奇心。如果一个教师听到"哲学"一词时竟逃之夭夭，则不免使人唏嘘，让人心寒。

但回头一想，这正说明了教育的失误，甚至可以说是一种失败，我们忽略了哲学在教育教学中的价值和意义。从中学到大学，我们的脑海中装了很多教科书上的知识，包括马克思主义哲学。一代代人一样地端着饭碗，日子也混得滋润，何必再去思考、探索呢？饭碗以外的一切都与自己无关，这难道就是一个知识分子的"个性"吗？

道德概念满天飞，但对待道德知识的态度没人去追究。热门词"创新"一哄而起（中国人是很会起哄的），而创新的根据、条件却无人理会、深究。仿佛只要能标新立异，吸引眼球，拥有粉丝，便成事了。在哲学家看来，不去探究世界的本源，不去了解人的本质，不去考察自然的起源，一切标新立异都是肤浅与浮夸。

没有哲学修养，缺乏思考的动力和能力，老是跟在人家的屁股后面去"山寨"，去仿制，并不以为耻，觉得合情合理，这是人的劣根性的反映；如果还反以为荣，则是整个民族的不幸。

说世界观，人人都会顺口溜，但其中的内涵有多少人了解呢？世界观，是说要把世界事物看成彼此联系，永远运动、变化、发展的。可是有多少人把这样的认识化入自己的工作、生活及个人的发展呢？

世界观，是说我们的认识是第二性的，要正确反映世界，就要把世界的彼此联系、运动、变化和发展研究出来，为此必须改造主观世界，使人在实践中不断发现真理，也在实践中提升自己的认识水平和思维能力。

世界观，是说万物的存在都是特殊的存在，没有绝对相同的事物。世界没有了特殊性、差别性，这个世界就不存在了，所以认识是从特殊性、差别性开始的，发现了规律，就可以指导实践。但是特殊的事物常常以偶然性表现出来，所以研究事物的特殊性与偶然性，才能为创新找到根据。这时辩证法又为我们提供了研究的方法。

理性思维的最大特点是对特殊的偶然性事物、事件进行分析，分析细节处，问题出现了，创新的契机也就出现了。

理性思维的第二个特点是好奇心，因为越分析越能发现新问题，即使找不到答案，起码也满足了好奇心。

中国儒学早有一个重要概念，所谓"格物致知"，它要求人们推究事物的原理，从而获得知识，这其中要求我们去推究的是世间万物，自然与科学。然而，我们的科学研究大都以实用为目标，基础科学很少有人问津，在世界自然科学杂志上，很少有中国人的名字。

教育是个重灾区。尚未正本清源就迎来了开放改革的大潮，为利益所驱，又为创新所驱，纷纷亮出了新举措、新花样，大都钻到细节里做文章，甚至高唱"细节改变人生"，殊不知所有的一切都要寻根问祖，根与祖，从思想和文化来说就是哲学。

新课改、新课程目标，细化有其合理性，但不能忘了细化是相对的，而一切相对都通向哲学。新课程目标的依据与核心就是教育哲学。教育哲学就是让学生掌握世界观与方法论，具有哲学的思辨能力和哲学的思维品质。

否定之否定的关键词是扬弃。历史是一个不断扬弃的过程。恢复高考以后，百废待兴，那些坚守历史唯物主义的大学教授们，回到自己的岗位，研究中学各科的教学方法，把传统中的精华一脉相承下来，又适当吸收了时代新元素。后来的情况却每况愈下，在"改革创新"的大旗下，许多"专家"丢掉了历史唯物主义，把"扬弃"阉割成了"抛弃"。

淡化教育功利，提倡学科哲学，这样的大气候尚未萌芽，但历史的辩证法终将冲出重重围墙，把未来引向新大陆。心中有一盏哲学明灯，就不怕雾霾和路障。

学科哲学与美育

美育的基础和出发点是美学。美学是艺术哲学，与学科哲学紧密相关。其外延涵盖全部教育目标，其内涵、本质指向生命美学。

从美育的定义出发，可以从三个层面理解。知识层面，是以艺术美为主要内容，掌握美的本质与艺术创作的一般规律与原则；影响力层面，是从知性到感悟美的能力，对美有广泛的兴趣；生命层面，是美的生活态度，养成美的情操，能选择美的生活方式，学会过美的生活。

一、学科哲学视野中的美育理念

1. 学科知识与审美理想融通。知识转化为智慧的一个表现即为知识的融会贯通；知识转化为能力，其基本标识是以审美的方式把思想、情感外化、对象化，是为美学上的创造性通感。

2. 感性与理性、感性思维与理性思维和谐发展。两者各有不同，而又殊途同归，健全的心智使人葆有美的人格与个性。

　　　　　建一所有哲学追求的学校

3. 内容美与形式美结合。没有无内容的形式，也没有无形式的内容。知识作为思想的现象，必以形式呈现。形式是现象间各种联系条件与根据的表现，又取决于现象的本质内容。所以知识现象既有形式美又有内容美，两者密不可分。只是为了认识上的深入辨别，才区分出内容、形式这两个哲学、美学范畴。

4. 知行统一。知行统一是实践观，指有意识地从事改造自然和社会的活动。从教育目标来说，是为学生将来的科学实践、社会实践作准备；从当下需求而言，是有意识地指导学生的学习实践与生活实践。通俗地说，就是把事做对，把事做好，最后是把事做美。

5. 外因促内因，化育人的全面发展。学校所有的硬件、软件、环境、课程及教学活动都是外因条件，而教师是外因促内因变化的最重要条件。根据人的心理机制，激发人的内在驱动力，才能避免单向的知识灌输——其中，以对知识之美的兴趣，引发对求知的渴望与热情，是一个关键路径。

6. 美育境界。会学习、会生活是第一境界；善学习、巧生活是第二境界；有思想、有情感、有情趣是第三境界。美育就是培育思想活跃、兴趣广泛、对生活充满热情、会选择美的生活方式的人。

二、学科哲学理念下的美育实践

（一）展馆课程

目前，我们学校的展馆有王维宝国画馆、苏跃进奇石馆、黄鸿琼书法作品馆、蔡建昌民间作品馆、60 周年校庆楹联馆、晋江钱坡村农民书法馆等 18 个，其中大部分设有相关选修课程。学生基于自己的兴趣及发展需求，选择相应展馆及课程，接触、学习各类优秀艺术作品，拓宽艺术视野，丰富审美感知。

（二）艺术校本课程

现已开设近 40 种，内容丰富多彩。音乐方面，谱写《晋江一中校歌》，在升旗仪式上、隆重集会时，以之激扬学校优秀传统，锐意进取，不懈求索；编写《班班有歌声——晋江一中歌曲选集》，传递正能量，激励成长的蓬勃朝气；周洁老师编写的《合唱与指挥训练》一书，介绍相关基本知识，以训练基本技能；喻旋老师编写的《外文音乐欣赏》，让学生从英语学习中体会更多的乐趣。美术方面，华侨中学刘翼老师编写了一册《乡土美术》，主要介绍泉州古民居，培养学生热爱家乡的情感；张克雄老师编写的《砚边漫步》，则重在介绍中国书法知识和理论，使学生加深对民族文化的认知。

（三）优点卡

爱因斯坦说："学校应该确立这样的目标，学生离开学校以后，不是成为一个专家，而是成为一个和谐的人。"这里的"和谐"指的是人的全面发展、协调发展和可持续发展。优点卡就是培养"和谐"的人的推进器。

优点卡是师生自评或互评的卡片。优点的采集，主要有学生推优和教师推优两种。德育处每学期集中组织一次"爱要让您听得见·更要让您看得见"的主题活动，征集"优点"。通过相关主题活动，不仅让学生学会发现优点，学习优点，欣赏优点，而且化矛盾于无形，增情感于无声。教师在"推优"的过程中，往往还会意外收到自我教育的效果。采集优点卡的过程，就是同学之间、师生之间互相发现、互相欣赏、互相学习、共同进步的过程。

例如在采集一位学生的"优点"时，竟有11位同学提供。学生感言："很高兴，除了开心，也意识到自己的责任更重了，因为很多人关注自己，可不要让他们失望。"还有的说："看到同学对我的表扬，很感动。我会拿着优点单，去问同学我有什么缺点，什么不足，怎样改进。"

（四）文化故事

晋江一中、华侨中学坚持"学生第一"的理念，坚持以哲学统率办学思想，不断强化一核心（道德教育）、两基点（问题教学与时间管理）、三抓手（文化故事、社团活动、家校互动）、四特生（综合特优生、学科特优生、技能特长生、特定层次生）的培养。文化故事首先是一种体验式道德教育的载体，由道德理性内化为心灵感悟，师生沟通交流，通过故事点亮学生心中的明灯。

师生讲述文化故事，传播身边美德故事；文化故事进课堂，讲述学科哲理故事；文化故事进课程，开展综合实践探究活动；文化故事进网络，构建"互联网＋文化故事"的教育模式；文化故事进评价，丰富、创新教育评价方式。

把道德实践写成文化故事，又以文化故事的讲述方式，引导学生去发现、编写和讲述同学、老师、亲人、乡邻身上的感人故事，发现故事中的教育点、启发点。这非常有利于学生的个性化教育，可以让学生获得深度的道德体验，逐步培养道德的自律自觉性。

文化故事促进教师成长。教师利用自身丰富的文化故事资源，做学生的教育工作，不仅提升了专业能力，同时也提升了自己的道德修养。撰写文化故事，又推动教师深度阅读、思考与写作。2013年10月，学校的国家教育部子课题"以文化故事为载体开展生命教育的实践与研究"立项结题时，被评为"优秀"等级；12月，学校的福建省教育厅中小学德育重点课题"以文化故事为载体，构建特色学校文化"结题后顺利通过验收。

文化故事促进学科发展。学校开展学科哲学建设的探索与实践，在课堂中倡导师生讲述学科哲理故事，引导师生从故事中定位核心概念，进行问题思辨，构建生态课堂。比如开展"五店市寻根·发现之旅"的活动，引导学生以全科的视野去阅读、思考、发现、感悟，培养自主、合作、探究的学习态度和实践精神。2013年12月，《中国德育》杂志社常务副社长蒋建华到我们学校调研，他高度评价说：学校探索并形成了一个以"文化故事"为途径的新型德育模式，它体现了回归人性、回归内心的德育，具有很强的生命力。2014年6月20日，在福建省全面推进教育综合改革"校长网络主题论坛"上，学校作了《架起文化故事的心灵之桥》的经验介绍。

学校利用丰富的校园文化故事，编辑《班风的故事》《家风的故事》《我的书房故事》《晋江人的故事》等图书，并正式出版6册《石鼓山的故事》系列丛书，丛书后被收藏于福建省教师著作藏馆。它们收录了在校师生、退休教师、校友校董的故事，深深打动了广大校友和校董，更激发了他们支持母校发展的热情。2012年12月学校60周年校庆之际，校友、校董慷慨解囊，捐款共计4500万元。2019年2月17日，举行晋江一中第二届校董会就职暨捐赠仪式，捐款超过9000万元。2013年4月11日，《海峡教育报》刊载《晋江一中：校园故事传递正能量》一文予以关注。

（五）语言美的修养

语言是思维的工具，也是思维的内容。它通过外在形式表达思想、情感，体现内在价值。而语言又有各自的表达要求。语言的美体现于得体的交流、表达（口头表达、书面表达）。学校每年评选"书香教师"，开展主题式征文，开办"石鼓讲坛"活动，编辑出版师生作品，这些都有助于发展、提升语言修养，引导、促进大家追求语言美。

（六）行为美的修养

行为美表现在务实实践之美，才能心智之美，创新创造之美，超越自我之美。

1. 夯实行为规范养成教育。规范学生行为，细化德育管理，在日常学习生活中，对学生从行为的对、行为的好到行为的美给予评价和引导。为此，学校建立了"五处教育"制度，开展"六卡"和"六德之星"评选活动。

2. 强化时间管理。引导学生追求行为的规范化、实践的理性化、时间的效益化。有节奏、有顺序、有理性地管理时间，最终目的是实现生命意识的觉悟。在时间中，让生命健康成长。

3. 壮大志愿者服务队伍。志愿者服务也是学校的一大亮色，在服务行动中践行德育美。

4. 教学实践美。教师在教学实践中注重通过美的行为，带动学生效仿美，体验美，欣赏美，提升审美判断力。如邓丽萍老师上《独特的民族风》一课中，凸显了艺术特长生的作用，不但活跃课堂氛围，更激发了学生学习音乐的兴趣。她让能唱的学生唱一首蒙古歌曲，能跳的学生表演一段新疆的舞蹈。精彩的表演不但引起全班同学的共鸣，也强化了学生对这节课的内容的关注。

（七）搭建艺术平台展示美

1. 群英社团活动。学校重视艺术社团建设，组建了交响乐团、民乐团、合唱团、舞蹈社、器乐社、漫画社、书法社、外文音乐社、演讲协会、手工制作社、摄影协会、文学社、话剧社、心理健康协会等社团，其机构健全，规章完善，使活动课程化，课程活动化。

学校每学年举办现场书画比赛、文艺汇演、话剧演出、校园心理情景剧比赛、春联义卖、音乐会、"五四"大合唱等。在文艺汇演中，"群英"踊跃参加演出，扮靓校园文化：文艺演出的海报，绘画社亲自"操刀"；现场秩序，志愿者协会全程督导；精彩瞬间，摄影协会一一定格；演出盛况，记者团现场"直击"；晚会资讯，广播站第一时间播报；晚会节目，诗歌创作社、英语沙龙、外文音乐社、合唱团、舞蹈社、相声小品社、器乐社、健美操协会、武术协会等联袂出演，同台竞技。

2. 高雅艺术展示。高雅艺术进校园，弘扬了优秀民族文化艺术，传播了人类先进文化的成果，提升了学生的审美情趣和艺术修养，这对学生人格美、才能美、行为美的锻造，产生了积极而深远的意义。

2014年1月6日晚上，"书香进校园·悦读共成长"杂技精品集萃亮相晋江一中体育馆，为师生们送上了一场精彩刺激的杂技盛宴。杂技团70多位演员为师生们准备了15个精品节目，其中有曾获得第九届全国杂技比赛铜奖的抖杠《博》和曾获得第十四届巴黎国际马戏艺术节最高荣誉"法兰西共和国总统奖"、蒙特卡洛马戏节"银小丑奖"等多项国际大奖的节目。演员们的表演集难度、技巧于一体，身法轻盈流畅，让师生们感受到杂技的美感与魅力。

2014年3月，由晋江市摄影家协会等单位联合举办的晋江一中"美丽石鼓山"校园摄影大赛，共收到112位作者的850幅作品，评选出一等奖1名，二等奖3名，三等奖6名，优秀奖10名。所有的优秀作品集中展览，引起师生的强烈共鸣。2014年12月1日"醉美晋江"摄影大赛作品来学校作巡回展览，作品计115幅，全方位展现晋江的山山水水，让学生在校园里即可尽情欣赏家乡风光。

2014年10月22日晚，"大美晋江"惠民舞台工程走基层演出暨福建省歌舞剧院民族乐团专场演出在晋江一中礼堂激情开演。40多名演奏者用二胡、丝竹、唢呐等传统乐器奏响了一场充满民族风情的视听盛宴，让学生充分感受高雅音乐的独特魅力。

（八）展示师道美

1. 争当"最美教师"。"最美教师"集中体现为"六德之美"，包含有坚定的职业生涯守望与教育信仰，有宽广的文化视野，有精进的专业知识结构，有识人鉴才的哲学慧眼，有谦恭合作的诚恳态度，有个性发展与人格魅力等。相关奖项有年度文化奖、教育管理奖、实践管理奖、能指导实践的思想创新奖、重大关键问题发现奖、英才苗才发现奖，一年一评，一批批优秀教师脱颖而出，成为学校发展的中坚力量，不断带动、引领其他教师共同成长。

晋江市第五届"我最喜爱的教师"的入围者卢晖老师，是我们学校的生物教师。学生说，她像妈妈，是学校里最温柔的那个人；同事说，她像超人，班主任、教研组长、学科竞赛指导游刃有余；领导说，她像一个播种人，一个在生命春天里播撒种子的园丁。她个人及所带的班级分别获得"泉州市中青年学科带头人"和省先进班集体等多种荣誉。

2. 优化教育教学评价。《国家中长期教育改革和发展规划纲要（2010—2020年）》指出："根据培养目标和人才理念，建立科学、多样的评价标准。"评价的目的在于促进学生发展、教师提高和改进教学实践。我们从优化评价制度、讲述文化故事、传递哲理箴言等途径，建立内容丰富、形式多样的多元化评价机制，为师生发展创造了良好的环境与氛围。无论是终结性评价还是发展性评价，无论是认知性评价还是情感性评价，无论是即时评价还是年度评价，都旨在唤醒和激励，引导每个师生走上自主发展、共同成长的道路。

在学校的一次"石鼓讲坛"上，何惠霞老师讲述了这样一个校园文化故事：2010届4班吴嘉微，初中毕业于松熹中学，中考成绩7A、2B，405分，高中入学刚好"踩到录取线"。在班主任的印象里，他是一个阳光、懂事的孩子。但就是这样一个学生，有一天，突然提出要调整座位，理由是同桌太强了，感到压力过重。班主任何惠霞老师从他的"理由"中洞察到了"问题"：思维方向偏颇，没有融入集体。经过心理疏导，他明白了一个道理：友好的人际关系有利于情感的交流，有利于思维的发散。此后，他学会接近同学，与同学们在团体生活中互相帮助，共同进步，逐渐找到乐趣。之后，他慢慢地变了，与同学一起成长，同班级一起进步。高考，他的成绩高出理科本一线16分，被一所重点大学录取。他打电话告诉何老师时，说他很开心，感谢老师、同桌、班集体对他的关心和帮助。

这个文化故事向我们传递了一个重要的评价信息：学生在身心素质的整体发展中，情感起着基础性的、内在性的、恒定性的支撑作用。因此，作为教育工作者，要掌握科学的评价方法，从认知教育和情感教育两个方面，科学地评价学生，促进学生积极成长，并在自我评价的过程中，发展自己，提升自己。

（九）环境美建设

苏霍姆林斯基曾经说过："学校的物质基础是对学生精神世界施加影响的手段。"也就是说，一个与教育教学工作相和谐的、优美的校园环境，可以潜移默化地陶冶学生的情操，塑造学生的心灵，其育人功能不可小视。

我们始终注重发挥校园环境的美育功能，着力营造良好的环境氛围，追求"润物细无声"的教育效果，让一花一叶、一草一木、一景一亭在学生的成长过程中留下印记并发挥积极作用。

2015年，学校基于"诚、严、勤、毅"的校训精神，重新给校园内的16座大楼命名，根据其功能配上意蕴丰富的名字，如大会堂命名为"众言堂"，这里面既包含了作为一座学府应有的兼容并蓄的学术氛围，也包含了言者大胆发声的勇气、坚守自我的信念。各楼馆及景观命名无不彰显学校的办学底蕴、哲学思考和人文精神，它们有助于让师生在美的熏陶中，静心养气，激发思索，快乐地学习与生活。

学校还基于所在地理环境及其历史文脉，以"鼓文化"为核心，规划、建设、命名"校园十景"：鼓阓环宇、鼓台飞歌、鼓园躬读、鼓声和鸣、鼓楼晋贤、鼓榕迎春、鼓师烛影、鼓根盘龙、鼓浪远影、鼓韵涵晖，并设计、命名校园里的回廊：听雨、吟风、邀月、问天、摘星、映梅等，让校园文化呈现"春意早临花争艳，夏荫浓郁可乘凉，秋色多变看叶果，冬季苍翠似春天"的美景。

通过大楼、亭廊的命名，优化文化氛围，丰富教育内涵，提升发展品质，使校园蕴涵着高雅的情趣美和淳厚的和谐美，充分发挥环境的美育功能。

晋江一中学科哲学建设纲要

引 子

哲学是文化之母，以哲学观透析教育尤显重要。我们认为，教育工作者有了哲学思想，既能站在人类历史的高地，把握人类的发展史、文明史、认识史，又能在学科教学中，以世界观、认识论、辩证法去处理教与学的种种问题和两者的关系问题。

学科哲学研究的基本方向是从哲学层面思考学科和教育问题。

第一，学科观，体现认知观，研究知识的现象与本质、认识与实践，以及知识与思想、文化、价值的关系。

第二，教育观，体现人才观，研究知识价值与人才素质培养的关系，以学科观为出发点，以教育观为落脚点，最后实现教育的价值，集中学科哲学所包含的全部内容与意义。

基于以上认识，立足于晋江一中（含华侨中学）的教育探索与实践，建设学科哲学是实施课程目标的当务之急。

一、校本实践与哲学探索

（一）提要

1.校本办学特色：（1）一个理念：学生第一；（2）一个核心：道德教育；（3）两个基本点：时间管理与问题教学；（4）"四特生"培养。

2.学科哲学探索：（1）学科思想本质；（2）学科教育价值与目标；（3）学科之美。

3.教学建构：（1）知识与思想建构；（2）模式建构；（3）同质建构。

4.教学评价。

5.教师职业修养。

（二）内容

1.办学特色。

（1）一个理念：学生第一。

从这个理念出发，达到"第一学生"的目标。

马克思主义人才观的核心是人的自由发展与自我实现，其有三个认识系统：一是人才的发现，二是人才的培养，三是人才的评价。

教师要有马克思主义的人才观。

首先是有一双发现的慧眼。人各有天赋禀性，除了显性呈现，还有隐性的潜能。外观与内视结合。成长是一个时间概念，更是一个动态发展、变化的观念。所有的人才标准都有相对性，特别要关注非智力因素的作用。既要拓宽关注度，又要有透视的深刻性。人是自我的资源库，因此要全息性地观察。

其次，以素质为出发点，在一般的教育规律下，引导、规范，使学生实现个性化自由发展。教师要有发现、启发、引导、促进的智慧与能力。

最后，评价的根本意义是让学生在成长中获得自强、自信与自由，通过评价获得自我肯定的快乐。

社会既需要精英人才，更需要在各领域平凡岗位上的优秀人才。面向社会发展和个人幸福，必须培养"第一学生"的优秀素养。

（2）一个核心：道德教育。

一是体验性道德教育，意在由道德理性内化为心灵感悟。教育是一种期待，一种耐心，要找准切入点和学生的参与点。说教不适应现代教育。文化故事即为体验性道德教育的合适载体。

对于过失与过错，首先，调查、询问过程与根据，师生沟通交流，让过激心理得以平静。其次，交谈与笔录相结合，学生收藏自己的文化故事。

二是道德践行。在社团活动、公益活动中，在与人为善的相处中，获得德善的快乐，记录为文，见证德行。

师德风范体现于教学中的求真、求善、求美。

（3）两个基本点：时间管理与问题教学。

柏拉图说，一个人最先与最后的胜利，是正确地认识自我，科学地设计自我，严格地管理自我。

严格地管理自我首先是自我时间的严格管理。时间的严格管理就是行为规范化、实践理性化、时间效益化。有节奏，有顺序，有理性，避免时间的浪费。

时间管理的最终目的是生命意识的觉悟，是生命教育，是向时间要生命的质量，把握生命成长的进路与节奏。

微博、微信及大数据时代，让学生从"低头族"中解放出来，体现了时间对生命的拷问。

哲学是"文化医生"。中医"望闻问切"，切脉之前，询问，质疑，是治病的关键，找出矛盾、解决矛盾。

我们的问题教学，是教育管理，又落实于课堂。

一切事物的发展变化都源于矛盾运动。发现、认识、鉴别、分析、解决，唯有辩证唯物主义。

自觉的问题意识是哲学的觉悟，解决问题的快乐是职业的享受。

学科本质是问题源，生态课堂是对问题源的把握和展现，以哲学思想为工具，开掘出一道道问题的活水，情趣、理趣助力知识向智慧的转化。

（4）"四特生"培养。

"四特生"即综合特优生、学科特优生、技能特长生、特定层次生。

人才培养要符合社会组织、生产与服务的结构需要。各有所别，各有所需，各有所长。

教育面向现代化，面向世界，面向未来，既要满足当下社会、当下生活的需求，又要有前瞻性和全球性。

在生态课堂（生态教育）的环境里，一方面给足养分和条件，一方面创造自由发展的可能。

哲学青睐个性。一个学校应该有自己的办学特色、育人特色，对于我们学校来说，"四特生"培养即是其一。

2. 学科哲学探索。

（1）学科思想本质。

学科认知从阅读开始。语言在大脑里形成条件反射，人们借由阅读，理解了语言符号里的思想信息，产生记忆并能动地反馈、迁移、融通。

一般情况下，学科学习的第一步就是阅读，即面对语言。

语言与思想是一对矛盾，既统一又对立。语言是表达思想情感的工具，但只把语言视为工具，则势必导致思想的贫困和碎片化。以语言为思维对象，从思维对象出发使用语言工具，才是两者的统一。

需要注意的是，语言的物质外壳容易脱核而逃，有语言而无思想，有思想又表达不清，要达成两种属性的统一，对学科知识的认知应该从研究概念开始。语文的知识现象丰富而又复杂，因此涵育语文素养是提高学科素养的重要条件。

语文学科为什么以语言作品训练语文素养？语言作品是作家借由语言所构建的思想工程与艺术创造，这个过程有如织锦，由剥茧抽丝开始，安排经线、纬线，加上草叶花絮，注重编织方法与技艺。这与分析语言概念是同一个道理。

语文学科必须研究语言与思维、内容与形式的辩证关系；对于文学作品，还必须研究审美规律与审美创造的关系，对于古典作品则要有批判思维。

文学作品的思想，不仅包括作家的世界观、人生观、价值观，还有审美理想中的人格精神与自由。

学习科学知识，从认识语言概念"是什么"开始，层层"剥笋"，"剥"出内涵、外延，"剥"出其中的工具和方法，最后"剥"出思想与精神。

综上所述，从学科知识现象到学科思想本质，从具体问题具体分析到世界观、方法论，无不体现了学科哲学原理。

（2）学科教学的价值与目标。

培根说："知识就是力量。"这句话必须从实践认识论去理解。

知识是实践经验的思想成果。

根据实践对象的特性，选择实践工具和方法，坚守科学态度和科学精神，借鉴别人的经验和独立思考，最终实现主体对客体对象的把握。

知识背后是一长串的根据，丢掉根据，只能认识知识的表象。

学习是从前人的实践经验中汲取思想成果，思想成果转化为智慧、能力并经历实践的验证，如此，知识才能成为"力量"。

以实践认识论指导学科教学，"知识就是力量"才能成为学科教学的价值和目标。

（3）学科之美。

学科之美有两层含义。

第一，知识作为客观存在，有客观的形式之美，形式之美来自实践、发明、创造；有实践主体的思想、智慧、精神的内容之美。学科之美、学科知识之美是两者的结合。

第二，欣赏学科之美、学科知识之美时，形成了欣赏主体与欣赏客体的关系，欣赏者要拉开与知识功用性的距离，超越、提升，进入审美视界，逻辑思维与形象思维结合，获得审美自由。

从学科知识到"知识成为力量"，从"知识成为力量"到对知识的欣赏，体现了文化与文明之美的熏陶、洗礼的过程。

3.教学建构。

（1）知识与思想建构。

知识是装思想的"椟"，思想是椟盒内藏的"珠"，传授知识就是把知识表象一层层剥离，最后揭示本质、规律、思想、意义、价值。教知识容易，只要把你知道的知识抛给学生就够了，教知识里的思想难，你要绞尽脑汁，会分析，而且还要把逻辑推理的方法教给学生。

知识里的思想是追问出来的。先是"知识是什么"，再是"知识为什么"。"为什么"里又有一大堆问题：此知识与彼知识有什么样的联系？需要什么条件？是否有必然性？逻辑根据在哪里？推理证明在哪里？有什么特点和意义？为什么要研究，怎样研究？

知识与思想的建构就是知识与问题的建构。从知识表象出发，设计问题链，由浅入深，由此及彼，由表及里，形成严密的逻辑推理联系，又由思辨纠正思维方向，预留想象空间。

问题建构必须吃透教材，又能跳出知识层面，以学科思想穿透、驾驭，最后化繁杂为简约，进入问题源。

（2）模式建构。

需要特别指出的是，模式是形式标准。内容决定形式，形式服从内容。模式一旦僵化，就违背了教学规律。

（3）同质建构。

在严守教学目标之下，鼓励教学创新，旁征博引，各学科知识融通。以精构博，以点通关，擒纵收放，殊途而同归。

4. 教学评价。

标准1：优良。

思辨出彩，娓娓善导，收放自如，擒纵有招。（思辨型）

旁征博引，启智启美，罗盘导航，百舸争流。（博学型）

高屋建瓴，驭繁就简，运筹谋划，点金有术。（简约型）

标准2：合格。

课堂活跃，目标代渡，力求条理，青涩待熟。（代庖式）

情趣有余，理性欠佳，匆匆过堂，尚能达标。（赶场式）

喜求创新，求是不足，亡羊补牢，挽救有方。（跳跃式）

标准3：不合格。

照本宣科，平淡刻板，墨守成规，思想贫乏。（下上）

弄巧成拙，捉襟见肘，草草收兵，匆匆过场。（下中）

谦诚失守，固执傲慢，自以为是，一言包揽。（下下）

［说明：（1）教学评价是综合性评价，包括课程价值目标，教学思想，教学作风，教学方法、技巧，学养品德等；（2）"优良"系名师品位，赋予教师很大的成长空间；（3）公约性评价：具有模糊性，但因此有伸缩的空间，又可有各种排列组合，过于精细往往会趋于刻板与绝对。］

5. 教师职业修养。

坚定的职业守望与教育信仰；

清风亮节的师德风范；

文化视野与精神境界；

知识结构与专业精进；

识人鉴才的独具慧眼；

谦恭合作的诚恳态度；

身心修养与人格魅力。

二、学科哲学视野下的教学大纲

（一）明确四"观"

1.学科观。

（1）给每一个学科下定义，从定义中了解学科的内涵，内涵是对学科本质的规定，这是其区别于其他学科的特殊性之所在。所以，在备课，在研究教材的时候，要和"近亲学科"进行比较，适当拓展学科视野，而不是自闭门户。

（2）拓展学科视野。从学科的历史经验认知到学科的当下发展、变化与走势，都应该有一定的了解和把握，立足学科又超越学科。

2.概念观。

（1）每一个学科都应该有一个素养维度：阅读。也就是，要关注文本阅读能力，包括连续性文本的阅读能力和非连续性文本的阅读能力。文本阅读聚焦于概念，即善于使用工具书去了解概念的含义，善于在阅读中理解概念的含义。

（2）要了解各学科的文体和表达方式。科学类学科的表达方式一般都是说明，科学论文是在议论，语文则是多种表达方式的综合体。研究文本必须首先解读文本里面的关键词语（往往也是关键概念、核心概念），以及这些关键词语的文本价值和文体意义。

（3）阅读是一个自我引导的过程，是一个由浅入深的认知的过程。一般情况下，要让学生直接面对文本，教师引导、启发、串联，关注阅读方法和阅读习惯的培养，关注找关键词语（关键概念）的能力的培养。

（4）进一步理解：概念的作用是什么，概念和文本知识组成怎样的有机联系。在这个过程中学会破解概念，也就是学会概念分析方法。

（5）概念是认识成果的概括，所以解读概念就是挖掘认识的成果。在概念认识的基础上必须有思想去穿透、超越，这样才能从关键概念中发现学科的意义和价值。

（6）解读关键概念，第一步是给概念下定义，第二步是从文本中找这个概念和其他概念的关系及文本所提供的条件和根据。这就是实事求是地立足文本的学科本质。

（7）概念的联想。关键概念在语言形式上呈现为基本词语、核心词语，教师应该从这些词汇、词组中分析语素。语素是基本的语言结构要素。从词语中发现、分析语素，生成新的语素、新的词语。这就是概念的联想，是拓展学生认知能力的科学方法。

（8）解读概念不是最终目的，最终目的是正确地判断和推理，促使学生在表达的时候能够合理使用概念，达到中心明确而且具有独立见解的效果。

（9）树立概念观是为了在教学和教研中能够以繁化简，在表达的时候又能够以简化繁。各学科的教学大纲都应该把阅读和表达纳入教学的第一原则与要求当中。

3. 思维观。

（1）所有的学科教学都是以阅读、认知作为发端的。知识是认知的成果，当它成为教学内容的时候就成为再认识的表象，认识和再认识从思维规律上说本质是一样的，不同的是前人的认知是把研究认识的对象作为直接的实践对象，而学生的再认识是把直接的实践对象化为间接对象。写作、表达、交流、实验就是再认识的实践。

（2）学科观要落实在文本上，落实在文本结构上。知识结构是显性结构，体现在文字表达上；思维结构、思想结构是隐性结构，是隐藏在知识结构后面的。研究文本（教材），即是从显性结构入门再进入文本隐性结构的认知过程。

（3）解读伟大的文学作品，必须有强大的思想穿透力，对其隐性结构进行解码。也就是说，用思想使知识一层一层地按照思维规律得以升华，思维能力、思维品质在这个过程中不断提升。

（4）从思维的角度说，所有的学科都包含形象思维和逻辑思维的因素，在教学、教研中，绝不可以把逻辑思维和形象思维作简单化的隔断，它们并非油水分家，而常常水乳交融，当然各有侧重点。所谓学科之美、学科知识之美，必然包含形象思维和逻辑思维，或者感性与理性的融合之美、之趣。

4. 素养观。

（1）不管是"以文为本"还是"以生为本"，教学的全部目的和价值就在于促进学生的良好素养的养成。我们的学科教学是"3+1"统合，"3"即学科观、概念观、思维观，而"1"就是素养观。我们的素养观要求在教学中教会学生养成查找工具书的习惯，明确学科的知识、定义、概念，牢牢把握每一个学科的本质概念（关键概念、核心概念），每一堂课都应该以合适的方式予以体现、强调，并在学业结束时达成完整的概念建构。

（2）必须让学生掌握抓取、解读概念的方法，形成对关键概念、关键词语的敏锐的发现力。

（3）必须让学生学会从基本知识当中透析学科的意义和价值。

（4）认知思维必须规范化，不能无序，否则将损坏学生的思维发展。

（5）在整个教学活动中，最终的目的都在于提高学生的思维能力和思维品质，这也是学科素养观的最本质内涵。学生可以忘掉具体的知识，但他带走了思维能力和思维品质。所有的教学重任就落在这一点上。

编写学科教学大纲，必须在学科知识的层面上进行穿越与提升，而不是流于知识表面的现象。所以，"3+1"体现了学科哲学的全局观，但它并不同时意味着学生素养的全部——人的素养里面还需要有情感、道德、意志等非智力因素。学科教学大纲必须兼顾这些，使"3"等于"1"，而"1"又大于"3"。

（二）教材研究

教材研究要处理好以下几个关系。

1. 教材研究与教师自我成长的关系。教材本身就是拥有丰富资源的宝库。研究教材，首先是为教学目的的实现而服务的；教师"寻宝""挖宝"，需要运用多种工具（知识工具、思想工具等），调动各种能力，在这个过程中，自身不断提升、拓展。所以，研究教材本身也是教师的自我研修、自我成长。

2. 经验与创新的关系。既要有意识地积累自己的教学经验，又要善于探索新的实践路径、方法、工具。真正的教材研究，总有不断的新发现。在这个意义上，所有新教材都是旧教材，反之也是成立的——要懂得把教材"陌生化"。

3. 教材研究与学生研究的关系。师生互动中，教师要善于捕捉、把握学生的思想过程，将其纳入自己的认知活动中，并有多种思想工具予以应对，这样"师生互动"本身才可能成为鲜活的教材、成为课程资源。也就是说，研究教材，能进能出；研究学生，善于联系其日常的思想、行为与习惯——两者相得益彰，共同助力教学。

（三）教学设计

知识自成系统。教学设计必须承上启下，左右兼顾，而又相对独立。

教学提纲的设计内含两种提纲，一种是"教"的提纲，主要体现学科的本质、特点；另一种是"学"的提纲，关注如何使学生的认知活动、思维发展在思维的轨道运行，循序渐进。

教学提纲是教学建构的成果。在教学建构之前，首先要研究文本的知识建构，要关注知识、现象背后的学科的本质、特点，以及文本作者的科学态度、科学精神、审美理想、人文关怀和价值观。

语文学科中的文学作品更复杂。除了以上两个层面，有时还暗含一种神秘性建构。伟大的文学作品常常有这个特点，既含灵感的成分，也有构思的因素，可能还关联着人类的思想、精神、心理的某些密码。

教学建构与教学模式的区别是，前者体现的教学本质、思想，既有建构又有灵活性，有如魔方；后者立足于教学实施，为了教学的顺利推进，以实现课程目标。

（四）教学评价

我们的教学评价包括师德评价、职责评价、绩效评价等三种。其中，绩效评价可以通过量化达成。

教学评价的前提是自我评价。强调师德为先，担当责任，提升绩效，服务学生；强调以德立心、立身、立业，时时自我反思；强调相互借鉴，共同进步，自我发展。

第三辑

我的行动策略

学校建设："五校五园"与特色学校

2010 年 3 月 15 日，我在全校教职工例会上作《深化课程改革，推进"五校五园"建设》的发言，全面阐述"五校五园"的发展规划；6 月 23 日，我与黄家策副校长在华东师范大学校长培训班上发表了《坚持"学生第一"理念，推进"五校五园"建设的行动改进计划》，指出："为学习和贯彻《国家中长期教育改革和发展规划纲要（2010—2020 年）》精神，立足于校情，着眼于教育的未来和现代化，顺应课程改革发展，提出'五校五园'建设规划。"

一、"五校五园"与特色学校的解读

（一）"五校五园"的内涵

"五校"是：理念治校、质量立校、科研兴校、名师引校、特色强校；"五园"为：平安校园、绿色校园、文明校园、文化校园、和谐校园。"五校五园"建设规划的提出和实施，意在拓展办学理念、聚焦发展重心、推进教育研究、提高教育质量。

2010 年 4 月 21 日—6 月 21 日，《晋江经济报》围绕我们的"五校五园"建设，先后发表了 10 篇通讯。第--篇是《理念治校：学生第一》，开头如下："今年 2 月初，晋江一中提出'五校五园'的建设规划。这是该校继践行'学生第一'办学理念之后的又一次思想革新。"

在我看来，建设"五校五园"是坚持以人为本、深入实施素质教育、全面提高办学质量的有效载体，它对于特色学校的创建，也具有重要的意义。

（二）特色学校的内涵

一般而言，特色学校是指在某种富有个性的办学理念指导下，立足本校实际，经过长期的教育实践、探索，取得优秀的办学成果，形成独特的办学风格和具有丰富内涵的办学传统，并被社会公认的学校。创建特色，打造品牌，是时代发展的必然趋势，是教育发展的必然要求，已成为越来越多的教育工作者的共识：特色铸就品牌。

其一，创建特色学校的目标。中小学创建特色学校的根本目的是为了培养人，是为了让学生具有终身受用的良好习惯和精神品质。所以，必须从教育的终极目标出发规划特色学校的建设目标。创建特色学校的出发点和归宿点是学校面向全体师生，让每一个教师的专业得到发展，让每一个学生的素质得到提升。学校提出建设"五校五园"，坚持以"学生第一"的办学理念，面向全体教师，面向全体学生，其立意即在于促进教师的发展和学生的成长。

其二，创建特色学校的过程。"十年树木，百年树人。"创建特色是一个长期的过程，需要不断地探索、实践、改进。学校要在先进理念的引领下，明确创建方向和目标，形成广泛的共识，引导广大教师积极参与，使之成为大家的自觉行动，从而使创建特色学校的基本要求落实到学校教育的各个领域和层面。"五校五园"的发展规划，内含了创建特色学校的内容、过程与目标。

其三，创建特色学校的成果。成果体现了某种价值取向。这个成果，抽象地说，是办学质量得到全社会的广泛认可；具体地说，其中一点是有较高层次的、具有推广价值的论文。更重要的是，形成一种制度、一种办学的长效机制，这样才能保证成果的转化并不断提升，学校得以长期地良性发展。所以，在"五校五园"的建设中，要不断完善制度，避免盲目性，减少随意性，增强计划性和科学性。

二、"五校五园"建设与特色学校创建

（一）"五校五园"建设是特色学校创建的基础

"五校五园"建设，既是对各种校园建设活动的资源整合，也是对学校建设的优化提升。"五校五园"建设，既有硬件建设的要求，也有软件建设的要求；既有教师专业发展的追求，又有学生素质提升的目标；既涵盖教育教学活动，又关涉学校校务管理，目的在于促进学校内涵发展，优化育人环境，丰富学校文化，切实提升办学水平，全面提高育人质量。特色学校创建也是促进学校内涵发展的有效途径，具有全局性、优质性、独特性、稳定性等特点，学校创建"五校五园"，为特色学校创建奠定了更为坚实的基础。

（二）特色学校创建是"五校五园"建设的升华

创建特色学校是打造教育品牌的重要举措。创建特色学校，关键是要形成一批相对稳定的统领全局的特色项目。特色项目是学校在办学过程中，深入挖掘本校潜能、合理利用本校优势的基础上形成的项目，它在同类学校中有明显的优势，既是特色学校的表征，也是特色学校形成的基础。因此，创建特色学校，"特色"项目的选定十分重要，它既决定学校的发展方向与学生的发展方向，也决定学校最后能否形成"特色"。建设"五校五园"的每个"校"，每个"园"，都可能成为特色项目；每个领域或层次的管理，也都可能成为特色项目。心理健康教育既是我校的特色项目，也是我校的办学特色。优点单是我校的特色项目，但还没有上升为学校的办学特色。每个校务委员手中的"名片"是一个项目，但都可能打造成特色项目。

（三）"五校五园"建设与特色学校创建的相融共生

每一所学校都是一所潜在的特色学校，特色学校的"特"最终体现为一种文化理念。建设"五校五园"，可以让校园处处有文化、时时有文化。在"五校五园"的建设过程中，可以打造若干个特色项目，而特色项目的

打造过程，就是构建"五校五园"的过程，二者相融共生，互为促进，有助于扩大和丰富特色学校的内涵。一个特色项目构成不了特色学校，一所特色学校是由若干个特色项目组成的。从一定意义上说，一所特色学校，是由几个甚至十几个特色项目构建的。我们从特色项目抓起，从手中"名片"抓起，既促进"五校五园"建设，又推进特色学校的建设，两者互为促进，相得益彰。

三、"五校五园"建设背景下特色学校创建的策略

（一）坚持"学生第一"的办学理念

一所学校的办学特色，在一定意义上是校长办学思想个性化的表现。只有确立适合本校实际的、符合时代要求的鲜明的办学理念，并使之成为全校师生共同追求的奋斗目标，学校才有追求特色和创造特色的可能。在"五校五园"建设背景下创建特色学校，要始终不渝地坚持"学生第一"的办学理念，打造富有个性特征的教育品牌。

（二）建设有特色的教师群体

蔡元培先生说过："有特色的教师是学校的宝贵财富。"特色学校建设要依靠特色教师群体的构建。先进的办学理念没有内化为每个教师的自觉行动，特色学校的打造就只能是一句空话。校务委员是教师的领头人，必须担当起打造特色学校的重任，即根据"五校五园"的建设规划和自己的"名片"，做好自己的特色项目，为构建特色学校最大程度地贡献自己的智慧和能量。

（三）开展基于特色项目的校本教研

特色项目往往也是研究课题，它需要有力的人才支撑，诸如组建相应的课题研究小组，并纳入学校的教育科研规划，既要围绕特色项目开展校本教研，又要不断提升实施特色项目的能力。学校教科室要担负起创建特色学校的研究和实践的任务，做好校务委员及教师的特色项目的管理工作。

（四）建设个性化的学校文化

学校文化是由学校全体师生员工共同创造的物质和精神的成果，其核心是学校师生的价值取向、行为规范与精神面貌。个性化的学校文化是特

色学校最本质的标志。"五校五园"背景下创建特色学校，要以创建有个性化的学校文化为指向。学校的个性文化不仅能够影响师生、家长，还能积极作用于整个社区，成为引领师生奋发向上、促进社会和谐发展的精神力量。

文化自觉：道德教育与制度规范

学校文化是一所学校办学理念、精神状态和校园风气的集中表现，是学校办学特色的体现，是学校可持续发展的支撑。建设学校文化，需要文化的自觉，需要道德教育与制度规范的相互制衡并形成合力。

一、在道德教育中形成文化自觉

我们坚持"学生第一"的办学理念，提出"负责任、有作为"的培养目标，力行道德教育，创建良好的文化氛围，促进广大师生达成文化自觉。

（一）规划人生目标，怀揣教育梦想

每位教师手中都有一本《教师发展手册》和一本《学生成长手册》，它们意在引领师生树立、规划人生目标。2010年，是学校的"教育梦想年"，从校长到教师，从教师到学生，大家畅谈自己的教育梦想、人生理想。《福建教育》2011年5月刊以"有梦想就有故事"为题作了长篇报道，文章说，"2010年6月，校长提出了他的教育梦想：'让每位教师成名，让每位学生成功，让每处校园成景，让每片社区成风。'两个月过去了，8月28日，23位校务委员于校园'石鼓讲坛'上讲述自己的教育梦想。三个月过去了，9月，各年段、班级召开'我的梦想'主题班会，师生同台畅谈人生，抒发梦想。"

（二）打造教育品牌，发挥个性特长

学校层面，努力打造心理健康教育、文化故事、问题教学、教育评价、学生社团等特色项目；教师层面，每位教师积极追求"我的教学品牌"；学生层面，建立60多个社团，以培养、发展兴趣特长。学校发挥学生社团的作用，开展各种体验教育和实践活动，比如支持、鼓励学生申请专利，组织学生参加各类青少年科技创新大赛等活动，全面提高青少年的知识产权意识，先后有10个项目获得12项专利，2011年，学校被授了"福建省知识产权试点学校"的称号。

（三）引导总结反思，增添发展动力

反思是一种回顾，一种总结，一种提升，有助于达成文化自觉。学校从党支部到各处室，从年段到教研组，从教师到学生，每年度都要照"镜子"，找差距，确立新方向，明确新任务，增添新动力。每年8月1日为学校校务委员反思总结会的时间，一年一主题。2009年，校务会的议题是：三年课程改革的"大总结、大反思、大提高"，每个校务委员基于各自的岗位和工作，从课程设置、课程实施、课程评价等方面进行讨论和交流，提升了校务委员推进课程改革的积极性、主动性和创造性。

规划人生目标，打造教育品牌，引导总结反思，就是用积极的道德理念和道德规范提高师生的精神认识，增强道德自觉，逐渐形成文化自觉。

二、在制度规范中形成文化自觉

一所学校，不但要有道德、人格、情感等可以影响人、激励人、温暖人的元素，还要有一定的制度，以引领、规范人的言行，并使每一个人形成自我规约、自我调适的能力。这也是一种文化自觉。

（一）重视过程管理，提升校风校纪

大凡学校，学生都要做课间操，长期以来，形成一个定势：学生进场，教师整队，然后做操、离场，日复一日，年复一年。课间操如何落实"学生第一"的理念？体育组的老师打开了思路。经过一个阶段的训练和磨合，半个小时的课间活动出现了新的景象：一是增加立定站军姿、踏步呼口号和跑操等项目，二是严格分配进退场和各项活动的时间，并编成程序，既丰富了过程的内容，又重视过程的管理，提升了校风校纪，逐渐形成一种既活泼又严谨的课间操文化。

（二）关注管理指导，提升执行水平

任何管理都需要规范性文本，但是，由于管理过程的复杂性和不确定性，所以需要以科学的方法为指导，促进行动自觉和文化自觉。比如，"学生值周制"：在一周时间里，由一个班学生负责全校的卫生检查、纪律管理、文明劝导等工作。每学期伊始，从加深认识、明确职责、熟悉内容、规范程序等方面对学生进行全员培训，以提升执行水平。"值周"结束后，值勤班长写"值周"总结，如一个班长如此写道："周值勤很辛苦，但锻炼了自己，锻炼了全班同学。我从他人身上看到许多长处，更看到自己的不足。关键是要从小事做起，从细处做起，养成良好的行为习惯，在服务他人的同时，让自己和班上的同学都得到成长。"

（三）优化管理评价，促进师生成长

任何一项管理，如果没有评价，则或可能"虎头蛇尾"，或是半途而废，难以促成良好习惯的养成，更难以形成文化自觉。在很大的范围内，中学的课程改革已度过"认识期"，进入"行动期"，进入课堂教学的"转型期"，但困难重重，问题很多，其中一点就是缺乏对课堂教学的科学评价，因为教师的教学情况如何，最终还是以成绩而论。这样的评价，难以促使教师自觉转变教学观念，改进教学方法。在这个意义上说，学校必须优化管理评价、教学评价，更加突出"学"在教学中的地位，更加关注来自学生的各种信息，从中发现长处与不足，不断优化教学过程，不断提升课堂教学的有效性，促进师生共同成长。

制度管理，以尊重人、理解人、发展人为核心，重过程，重指导，重评价，促进广大师生形成超越制度管理的文化自觉。

三、在道德教育与制度规范的相互制衡中形成文化自觉

（一）制度提供导向，丰富德育资源

教育是一种制度性活动，道德教育也不例外，而制度本身就是道德教育的资源，可提供"向善"的导向。2009 年年底，学校开展"讲述校园文化故事"的活动。从这一活动中，我们体会到，"讲述校园文化故事"可增加感悟，减少说教，增加情趣，减少刻板，有助于拉近人与人之间的心理距离，于是决定把这一活动制度化。此后，学生家长会、班级主题班会、教职工大会、党员大会、升旗仪式等活动，都有师生讲述校园文化故事的环节或安排。为了讲好自己的文化故事，师生们用心去寻找生活中的亮点，用情去演绎生命的体验，用力去修炼自己的德行，逐渐形成良好的文化自觉。2012 年 12 月，学校 60 周年校庆之际，一套 6 册的"文化故事丛书"出版，故事讲述者（作者）有教师，有学生，还有海内外的诸多校友。

（二）制度合理调节，增强认同效应

制度对利益的安排会起到一种平衡的作用。制度对利益的调节越合理，就越能获得个体的认同，个体也更愿意在活动中管理自己，形成一种道德自觉和文化自觉。学校依据"看起点、比进步、论贡献"的原则，制订综合评价教师课堂教学质效的工作方案，并通过不断实践、多次座谈、反复研讨，进行修改、完善，使之更趋于科学，更符合大多数教师的诉求，更能调动教师的积极性、主动性和创造性，推动制度建设与教育品质的协同提升。

（三）制度灵活调适，体现人文关怀

制度一个重要的特征是原则性，但制度管理的对象却是鲜活的人，任何制度的执行，既要坚持原则性，也要体现人文关怀。学校有一位优秀的老教师，由于种种原因，家庭经济比较困难，有一年患病住院三个多月，按相关制度，其奖金被扣发了两千元。学校领导多次到医院探望；学校工会根据其一贯表现和实际困难，发放生活补助三千元。这体现了制度执行当中的原则性和灵活性。这位教师很感动，表示病愈后会全身心投入教学工作，绝不辜负学校的期望。

当道德教育与制度规范协同发生作用，人们对规则的遵守就可以更多

地发自内心而不是迫于外在压力，就可能不断完善自我，提升自我，形成文化自觉。

　　制度规范解决的是是与非的问题，是道德的底线，每个人都在制度的约束之下，不能突破这条红线。道德教育解决的是为什么的问题，是制度的升华，引导师生去实现自身成长和自我价值。这样，制度规范就可以变为人的行动自觉，进而达成文化自信、文化自强。

课程改革：以生为本与统筹规划

普通高中新课程实验实施以来，学校结合实际，直面高考新政，在选修课程开发、课程设置、育人模式转变等方面，进行了积极的探索和有益的尝试。

一、课程的结构性调整

从学生的学习需求、成长需求、发展需求出发，以学科本质观、现代教育观为导向，基于学科核心素养目标和学校特色建设目标进行横向拓展，改革课程结构，使其更具均衡性、综合性和选择性，具体包括基础性课程（掌握文本阅读方法，懂得由知识概念进行推理判断，有思辨能力，基础知识牢固）、拓展性课程（知识向智慧转化，差别性教学使特长生各有发展空间）、实践探究性课程（明确实践对象的本质特点、目标要求，实践过程中的科学规划和操作方法），内含四个层面的课程类别。

1.国家课程：（1）必修；（2）选修。

2.校本课程：（1）必修——哲学启蒙课程，静修课程，文化故事课程;（2）选修——学科拓展课程，社团活动课程，大学先修课程。

3. 社会课程:（1）必修——实践探究课程;（2）选修——志愿服务课程，游学研学课程。

4. 生涯规划课程:（1）必修——生涯规划课程;（2）选修——职业体验课程。

二、课程的统筹规划

（一）统筹初中、高中六年规划

立足于学生的成长规律和阶段特点，依据学生素养梯度目标，课程分段纵深发掘，统筹初中、高中六年规划，提供难度、内容对应的课程选择。

我们形象地称之为"成长之梯"，即初中三年有三个梯度：热情，态度；目标，守则；涵养，眼量。高中三年也有三个梯度：人格，修养；抱负，价值观；情操，信仰。素养梯度是心理发育、精神成长的一个基本导向，心理成熟程度有年龄阶段性，设计梯度目标的目的是让学生能渐进性地健全心理结构；而相对应的课程设置，可引导、指导学生依照个人生涯规划和学科兴趣进行选修课程及校本课程的学习，有一个分段衔接、相互打通的完整的学习过程（成长过程）。

就高中而言，我们着力于课程分段纵深发掘的探索与实践，统筹高中三年规划，抓好进度安排，高一以"抓基础、抓学法、抓衔接"为工作重点，促进学生不断提升自主好学、奋发进取的优良习惯和学风；高二强化能力培养，注重培养学生的综合能力；高三实施深度教学，形成知识建构，实现智慧转化，注重培养学生的综合素养。

（二）分学科完善学科建设规划

明确学科概念观、方法论，梳理、形成学科综合素养目标（包括学科心理素养、认知素养、思想素养、人文与科学价值观素养、世界观与方法论素养等）。语文学科，以深度阅读、提高思考和表达能力为突破口，分年级推荐优秀读物，推动课内外阅读，用好"阅读卡"和阅读手册；数学、物理学科，运用建模思想，改进教学设计与实践，提升学科优势；英语学科，注重提高语言综合运用能力；政治、地理、历史等人文学科，突出人文教育功能；实验教学方面，增加观察、动手、合作、探究等实践操作内容，锻炼与提高学生的动手能力；信息科技学科，根据学生的学习基础与特长爱好，尝试分层教学；体育、艺术学科，注重培养健康意识、艺术素养、审美能力。

（三）应对高考新政因材施教

围绕选课制、走班制，做实高考新政背景下的课程建设和实施。立足本校实际，学习和借鉴高考新政实验省份的先进经验，根据大数据分析结果，实行按需分班、分层教学，运用信息化手段，形成具有校本特点的"3+1+2"选科原则和选考组合模式，通过导师制、家长学校等载体，给予学生积极、恰当的引导，把选择权还给学生，由学生根据自身的兴趣、特长、优势，拟报考学校及专业的要求，以及愿意从事学习的领域进行课程选择，培养优势领域。同时，学校做好空间场地的配置，建立学科教师弹性安排机制，开发校本化软件等，提供丰富的课程，分层走班，因材施教，满足学生多样化的学习需求。

（四）锻造优势学科

运用学科哲学的概念观、方法论，完善课程建设、管理、评价制度，培养一批具有课程开发能力的优秀教师，依托国家课程教材，重组课程知识结构，将课程知识具象化，提高学生认知、理解及运用的能力，实现国家课程的校本化，探索学科核心素养的培养路径，形成学科优势，倒推教师的专业成长。目前，我校拥有国家级、省级、泉州市级学科带头人、骨干教师32人，造就人文、科技、数理、作文、艺术、体育等领域的一系列优势学科，学校先后被确定为"教育部教育信息化试点校""全国青少年校园足球基地校""福建省中小学心理健康教育特色校""福建省信息技术示范校""福建省通用技术基地校""福建省艺术实验校""泉州市地理学科核心基地校""泉州市政治、化学学科联盟校"等。课程建设方面，有71门校本课程，其中"晋江旅游导游手册"在2017年福建省中小学优秀校本课程评选中荣获一等奖；地理学科被泉州市推荐申报省级优质学科课程项目。所有这些，都落实在学生的优势发展、特长发展上，2014年秋季以来，学生参加各学科奥赛获得省级三等奖以上累计有近200人次，其中10多人次获得省级信息奥赛一等奖，2017年有2人入选化学学科竞赛省队选拔赛

（全省 27 人），2016 年 7 月学生合唱团参加由文化部等单位主办的第十三届"中国国际合唱节"比赛，获得铜奖。

三、课程管理制度的重构

依据高中课程改革的要求，重构课程管理制度，制订《高中新课程实验工作方案》《选修课开设及学生选课指导工作方案》《研究性学习管理办法》《CAP 大学先修课程管理办法》《学分认定办法》等。探索建立学生网络选课管理平台，制定和完善校本化课程实施管理和评价制度及操作程序，提高选课效率和课程实施效率，有效统筹课程安排、教师调度、班级编排、学生管理等相关工作，落实多学科分层走班教学。

课堂建设：讲演故事与教学重建

爱因斯坦不但是一位伟大的物理学家，还是一位教育家。有一天，一位母亲把她颇有禀赋的9岁孩子领到爱因斯坦面前，问他怎样学数学才能学得更好，爱因斯坦说："试着给他讲些故事。"这位母亲不以为然，坚持问关于数学的问题。爱因斯坦坚持自己的意见："如果想让他聪明，就给他讲故事；如果想让他有智慧，就讲更多的故事。"在爱因斯坦看来，想象力是进步之源。他说过，伟大的发明需要一颗富有想象力的心。他认为，知识限于我们已经知道的一切，想象力涵盖将要认识和理解的一切。而讲故事，正是培养想象力的绝好途径和办法。基于这个认识，我们认为，可以把故事引进课堂，而且可以用故事建构课程，用故事再现生活和各种科学现象。

一、故事，让课堂贴近生活

教育是服务，服务的核心是课程，课程的载体是课堂。故事，可以让课堂贴近生活。

（一）还原生活

人类知识就像海洋，浩瀚无边。中学教材，只是薄薄的几本，就像一个地球的知识经纬仪，轮廓清晰，论述凝练，但是，这种被高度浓缩的知识经纬，无法涵括具体的生活细节、社会现象和历史事实，给学生的理解、学习带来了困难。故事进课堂，可以为学生的认知、理解搭建起一座桥——这个过桥的过程，是丰富知识涵养的过程，而过桥到达彼岸以后，又可以拓展视野并体验到习得的快乐。

许端端老师上初二《国民革命的洪流》一课，其内容涉及黄埔军校、北伐战争、国民政府成立等重要历史事件及国共合作的过程，政党斗争、社会矛盾的错综复杂，成了初中生学习的障碍。许端端老师补充了耀文、耀武兄弟的三封家信，并贯穿其中，可谓神来之笔。其中第一封是——

亲爱的耀文大哥：

……还记得当初我俩为要不要南下广州投考黄埔军校一事而争论了一个晚上吗？无论在什么时候我都相信我的选择是正确的。……在这里我结识了许多志同道合的朋友，在这里，我最喜欢听周恩来主任的课，通过几个月的学习，我深刻明白一个道理，作为军人"不仅要知道怎样放枪，更要知道枪朝什么人放"。作为革命军人，我们渴望打仗……

弟：耀武

1924 年 7 月

一个家庭的三封家书，其实就是三个故事，隐含三个历史事件。选择这样的材料，可谓独具匠心：把学生带入历史记忆中，通过生活化的情节，有血有肉有灵魂的人物，生动曲折的故事，激发学生的好奇心，点燃学生思维的火花。

（二）补充教材

教材是学生学习的文本，是师生交流的载体。同时，教材与生活往往有时空距离，学生的认知有时与教材会存在一定的落差。故事，可以在学生的主动学习与教材之间打通一个通道。

陈志谦老师上《画轴对称》时给学生讲述了一个故事：97 岁的李淑芬老人是民间剪纸艺人，同时也是北京市年龄最大的奥运志愿者。她怀着一份真挚的感情，把自己的剪纸绝活儿融进了浓浓的奥运情结之中。这位老人用一把小剪刀、一摞普通红纸，剪出了中国人民对奥运的期盼。陈老师把李淑芬的剪纸作品作为教学内容的补充，取得了良好的教学效果。课后，陈老师把这节课的实践与体验写成说课稿，参加省里的说课比赛，并以其丰富的教学内容和生动的教学方法，征服了评委，荣获一等奖。

2014 年 5 月 8 日，《光明日报》发表了一份题为"我国中小学生教材难度被高估"的调查报告，该报告认为，我国中小学教材在一定程度上脱离生活，"建议我国教材中增加应用性知识的比重，拓展与学生生活相联系的内容，习题中更多以实际生活为背景，突出解决实践问题的能力"。故事进课堂，正是解决这一问题的一条重要途径。

二、故事，让课堂启发思考

教学需要情境，它是师生教与学活动的知识环境，是可以促进学生思维发展和情感发展的环境。在这个特殊的环境中，故事是非常好的资源与触媒。

（一）创造情境

根据教学要求和学生情况，引入相应的故事，创造一定的情境，或引起兴趣，或激发联想，或引发疑问。

郑乌最老师在教学《淀粉》一课时，讲述了这样一个故事：革命先烈方志敏同志在牺牲前，托人给鲁迅带去了一封密信——一张白纸。鲁迅先生把信用棕黄色液体浸泡后就看到了信中的内容。这是引起兴趣。

另一位化学老师在教学《几种常见的盐》一课时，展示了两个小故事：某 10 岁少年因食用私制盐而中毒丧命；某女大学生一口气吃了十多根火腿肠，出现休克现象，经医生抢救后脱险。这是引起思考。

通过故事创造情境——一个学生较为熟悉的环境，学生从中可以调动自己的生活经验，由此及彼，激发自身主动学习的热情。

（二）思考问题

故事除了可以把学生带入一定的情境，还能够激发他们的思考并得出自己的结论，从而决定自己如何行动。

傅小云老师在教学《简单随机抽样》一课时，讲述了这样一则笑话——

> 妈妈："儿子，帮妈妈买盒火柴去。这次注意点，上次你买的火柴好多划不着。"
>
> 一会儿，儿子高兴地跑回来了："妈妈，这次的火柴全都划得着，我每根都试过了。"

同学们笑过之后，教师要求回答下列问题：

> （1）儿子的这种做法合适吗？如果是你，你会怎么做？
> （2）显然，你只能从中抽取一定数量的火柴作为检验的样本，那么，应当怎么抽取样本呢？

教师在"教后反思"中写道："通过创设趣味性的问题情境，让学生体会抽样的必要性，体会生活中处处是统计，调动学生学习的主动性和积极性。"

设置问题情境，就是要避免抽象的说理或空洞的说教。用故事创设问题情境，有利于变"被动接受"为"主动学习"。苏霍姆林斯基说过："人的心灵深处，总有一种把自己当作发现者、研究者、探索者的固有需要，这种需要在学生的精神世界中尤为重要。"

三、故事，让课堂充满生机

在课堂教学中，情感发展是重要的目标。这一目标很难有一个统一、具体的评价指标来考量，因此，实现这一目标的途径往往模糊不清。巧妙引入故事，可以使之有一个恰切的抓手。

　　　　　建一所有哲学追求的学校

（一）培育情感

一位心理学家说："事实像口袋，空的口袋是站不起来的，想要站起来，就要装入事实的经由和情感。"这个事实的"经由和情感"就是故事，这样的故事既有情节，又有情感。

卢金火老师上八年级美术《文明之光》一课中的"关于彩陶的联想"时讲述了这样一个故事："早期的人类没有碗，他们喝水就用手捧。直到有人想到用玩泥巴的泥土捏一个凹下的形状，终于捏成了人类的第一个碗。也许，在一次偶然的火灾里，这只用泥土制作的碗被掩埋，又经过高温煅烧，变得非常坚硬，有人用这只碗盛了水，竟然滴水不漏，这人高兴极了，就召集了许多人来看，于是开始研究制陶的方法。"这个故事，生动地讲述了早期人类受到生活的启迪，捏制了人类第一个泥碗，又因意外的事件，知道了陶器的烧成，于是才开始了研究制陶的方法。故事激发了学生对早期人类生活的联想，引导学生进入历史的情境中，而古老的事物因其背后的故事而生动起来，使得看似乏味的美术史教学顿时鲜活起来。学生们从中了解到人类祖先的勤劳智慧和伟大创造，对祖国优秀传统文化的情感态度，便在这个过程中得到了培育。

故事为课堂提供了形象的教学情境，让学生体验生活，升华情感，在学习文本知识的同时，得到精神的熏陶，逐步培养正确的人生观、价值观与世界观。

（二）滋养生命

课堂是师生人生中一段重要的生命历程，又是师生生命成长的重要组成部分。故事是生命的故事。课堂上讲述故事，是生命对生命的召唤、生命对生命的关照，这样的故事可以丰富生命内涵，滋润生命品质，提升生命境界。

丁海蓉老师教学郑敏的诗《金黄的稻束》时，讲到"母亲的收获"，学生们问："老师，你的收获是什么？"丁老师笑着说："我最大的收获就是你们获得新知时满足的笑脸，还有你们时时闪现的思想的火花。"这个答案，学生不甚满意，这时，她回忆起一个故事：

有一天，我正在上课，一位花店的员工找遍整个教学楼之后，把一个大大的插满康乃馨和满天星的花篮捧给我，他让我签收时，我很意外，百思不得其解。你们为什么要送花给我，因为那一天并不是什么特殊的日子。而你们告诉我，只是因为老师看起来不开心，所以你们要给我一个惊喜，希望我绽放笑容，像花一样美丽。

在课堂上，故事可以搭建师生生命互动的平台，师生相互交流，一起体验，情感目标和认知目标得以紧密结合，课堂演绎了生命成长的丰富和美妙。

四、故事，让课堂五彩缤纷

课堂上故事的呈现，可讲述，可表演，可演示；课堂上故事的导入，可开头，可中间，可结尾；课堂上故事的叙述主体，可教师，可学生，可师生。多样化的故事演绎，丰富了课堂教学的内容，也丰富了课堂教学的结构。

（一）讲好故事

一节课，讲好一个故事，或是制造悬念，引发兴趣；或是提出问题，引起思考；或是创设情景，烘托气氛，有助于把学生引入知识的殿堂和情感的世界。

王宏辉老师上《机械运动》一课时用故事导入：第一次世界大战期间，一名法国飞行员在两千米的高空飞行，发现旁边有一个小东西，以为是一只小昆虫，便一下子抓住了它——令他吃惊的是，他抓到的竟是一颗德国子弹。当时，学生们立即兴奋起来：这名法国飞行员怎么有这么大的本领，竟然能抓到一颗子弹？

于是老师提出了这样一个问题：在什么情况下，我们也能抓住一颗子弹？大家你一言我一语地讨论起来，教学很自然地引出了"机械运动"的课题。

（二）演好故事

故事也可以通过戏剧、舞蹈、说唱等表演方式来呈现，学生通过表演，可以更好地认识自己、解读生活。

初中语文课本中有一篇小说《心声》，小说写了一位与万卡有着相似命运的小男孩，他要求在语文公开课上朗读课文《万卡》，遭到老师拒绝。小说揭示了社会生活和义务教育中普遍存在的一些令人深思的问题。

吴静宜老师上《心声》这节课，故事情境的创设很有创意：他把《心声》改编成一个短小的课本剧，由学生自导自演，可以看作是师生共同的二次创作。

吴老师在谈到自己的教学设计时说："学生表演课本剧，事实上就是进入到一种直观、形象的情境中，可以更好地去感知小说的故事情节，感受人物的思想情感。"在这个教学案例中，教师复活了教材，师生成为编剧和演员，更直接地进入教材，去理解、体验和欣赏，可以说是教学资源使用价值的最大化。

在故事进课堂的探索和实践中，我们认识到，对某一节课的教学目标要有重新的审视和理解。如果是出于功利主义的目的，目标往往直奔问题的答案，这不但浪费了可贵的教学资源，更严重的是不利于发展学生的情感和启发学生的智慧。所以我们认为，教学目标要包含"生态"元素，也就是说，要让学生在课堂上获得个性化的自由发展——倘若真的如此，分数、成绩这些"现实"指标，一定不会太差。多年来，我们学校的高考屡创新高，最近几年，"本一率"稳定在 65% 以上，就充分说明了这一点。

校园文化：文化故事与个性发展

一、什么是文化故事

我们所说的文化故事，就是发生在校园里的事，它们"土生土长"，具有鲜明的校本性和旺盛的生命力，所以亦称校园文化故事。

这样的校园文化故事来源于师生员工的工作和生活，形象、生动，如果辅之以有意识的刻画和传播，则具有相当强的感染力、影响力和渗透力。

二、为什么要讲文化故事

1. 开展道德教育。教育是对人的唤醒，同时，这种唤醒不是也无法通过空洞的说教去达成，而唯有通过晓人以理，动人以情。校园文化故事，虽然微小，但"滴水见太阳"；虽然平凡，但能荡起情感的波澜。所以，它往往具备丰富的道德教育因素和道德教育力。

2. 形成赞美文化。我们学校有一句流行语："赞美是一种文化。"赞美不是强制的任务，赞美最忌言不由衷。赞美他人，首先要有真实的经历、真诚的态度和友善的愿望。学校是育人的圣地，需要赞美文化，以形成一种文明、美好、健康的氛围。真正的文化故事，包含了真事、真心与真情等要素，可以以美唤美，以真求真，以善达善。

3. 构建生态课堂。学校是教书育人的地方，在平凡的日子里演绎一个个动人的故事。这些故事都可以成为课堂教学资源，可以服务于教学情境的创设，可以调动学生的成长经验，可以丰富学生的情感体验。

地理科林月影老师喜欢旅游，在课堂上，她讲起了自己游庐山三迭泉的故事。她以亲身经历阐释地理知识，讲解在等高线地形图上判断瀑布的位置和瀑布形成的条件。学生置身于生动的教学情境中，思考问题，体验感悟。林月影老师说这是"现场直播"。

在课堂上，用校园文化故事搭建师生生命交往的通道，有助于情感目标和认知目标的更好结合，师生的情感自然呈现，认知在不断的生成中逐步拓展、提升。课堂是校园文化故事最重要的发祥地——在这个意义上，课堂成为学校文化建设的主阵地。

4. 提高研究水平。在日常的教育教学过程中，大量生动的故事不断生成，它们蕴含着丰富的教育原理和教育智慧。教师不断反思，不断总结，将自己的经验和发现转化为书面语言，转化为校园文化故事，促使自己更为深刻地认识自我，认识学生，同时认清自己的行为，认清教学的规律。校园文化故事，由此成为教学研究和教学实践紧密联系的纽带，成为理论研究和教学改进相互结合的抓手，成为分析问题、解决问题的重要载体。创作、讲述校园文化故事的过程，实质上就是教师自我教育和专业成长的过程。

2010 年 11 月 8 日，心理咨询教师何成勇老师为全校教职工作心理健康教育培训，主题为"原本的真实"，主要介绍潜意识层面的心理学知识，他引用了一个发生在校园内的案例：霓虹灯的故事，内容如下——

有一位同学，每当晚自习从教室窗口看到远处国际荣誉酒店的霓虹灯时，心情就会很低落，甚至低落到无法安心学习。她告诉自己不要再看，可总是忍不住，又下意识地再看一眼霓虹灯，这使她的学习受到很大的影响……

一次合适的机会，我帮助她放松下来。当她的内心慢慢平静后，我开始改变她的意识状态，让她进入自己的潜意识。

原来，她的意识刻意隐藏了一些事。人有一种自我防御机制，会把一些事压抑在潜意识深处，希望把它遗忘。可是她的内心深深地记着一些片段，一些场景，对她来说，霓虹灯意味着某种痛苦的情绪。

原来，出生后不久，她就被寄养在外婆家，与外婆的情感很深。到了快要上小学时，她的父母强行要带走她，她不愿意，大吵大闹，往街上逃跑，看到有一处霓虹灯箱广告牌，就躲在广告牌后面，结果还是被父母找到了。

当回想起这些事情时，她泪流满面，多年来一直无法释放的情绪也终于得到缓解……

教师以自己的语言、专业的话语，将日常的教育教学经历描述、整理成有一定价值结构的校园文化故事，这实际上正是一个研究的过程。

基于这些研究和实践，我校立项"以文化故事为载体开展生命教育的实践与研究"，并确定为教育部"十二五"规划课题"新形势下生命教育的理论与实践探索"的子课题。

三、如何讲述（创作）校园文化故事

1. 提高认识。对我们学校来说，校园文化故事是学校文化建设的重要载体，是学校个性发展的重要保证，同时，它也是学校育人的重要手段，与学校管理及各种教育教学活动紧密相连、相互促进，可谓潜在课程、隐性课程。校园文化故事的主角是师生，他们既是故事的主人公，又是故事的讲述者（创作者），正如卞之琳在《断章》一诗中所说："你站在桥上看风景，/看风景的人在楼上看你。/明月装饰了你的窗子，/你装饰了别人的梦。"

2. 建立平台。学校结合升旗仪式、教职工例会、班级主题班会、学生家长会、课堂教学、征文比赛等活动，建立形式多样的平台，营造浓烈的

"校园文化故事"的氛围，在广大师生、家长、校友当中形成创作校园文化故事、讲述校园文化故事的新习俗。2010年7月6日，晋江新闻网作了题为"晋江一中：新鲜的家长会"的报道：

> 晋江一中举行初一年期末家长会，学生上台讲述校园文化故事，让与会的家长感到耳目一新。同学间互相帮助、教师无私奉献，学生们写下了一个个发生在身边的真实故事，并上台利用多媒体，图文并茂地讲述出来。
>
> "听了这些故事，我们更多地了解了孩子们的学习和成长，这比学校长篇的工作总结来得形象、生动，更有说服力和感染力。"学生家长张女士告诉记者。
>
> 建设学校文化，渠道很多，载体很多，而讲述文化故事是其中之一。文化故事就在师生的生活中，写文化故事、讲文化故事，有助于学生用心去寻找生活的亮点，用情去点燃智慧的火花。

3. 规章保证。常规管理是一种平衡，没有这种平衡，质量难以保证；但是过于满足于这种平衡，会形成一潭死水。教育管理不仅体现为一种常规制度，还是一种行为方式，一种伦理精神，一种价值认同。讲述（创作）校园文化故事，需要通过管理加以"平衡"，形成常规，持之以恒，才能积淀成一种学校文化传统。基于此，2010年11月29日，学校制订《校园文化故事活动实施方案》，对活动主题、活动目标、活动机构、具体措施、活动内容、活动评价等予以明确规定。这个方案的出台，确立了目标也为校园文化故事活动的开展提供了组织保证和制度支持。

作为一种精神产品，校园文化既是传播，也是建设。创作校园文化故事，讲述校园文化故事，既彰显了学校的小学埋念，可以增进广大师生、家长、校友的认同感和凝聚力，更能促进学校的个性发展和特色发展。

教师评价：绩效考评与共同发展

2008 年 10 月，学校正式立项并实施新的教师教学绩效考评制度。十多年来，我们不断改进考评的机制和方法，不断规范考评的组织和程序，不断增强考评过程的透明度和考评结果的公信力。在有效提高教师的教学绩效的同时，也促进了学生发展、教师发展和学校发展。

一、问题的提出

为什么要实施新的教学绩效考评制度？以往的教师教学绩效考评（考核），在标准、内容、方法、结果反馈及使用等方面都存在弊端，集中体现在以下两个方面。

其一，从学生的维度看，忽视学生个体差异，忽视不同学生不同的学习起点和成长节律，一刀切地以教学班的学期或学年成绩来评定教师的教学效果。为了提高这种"成绩"，教师必然忽略或淡化学生在学业之外的其他方面的发展，使学习成为应考冲刺、教学成为应试比拼、教育成为升学选拔。这从根本上违背了面向全体、全面育人的教育原则。

其二，从教师的维度看，评价指标、评价方法均较单一，考试成绩（包括平均分、及格率和优秀率等）被绝对化，忽略教师在具体教学过程中的投入与创造，尤其是在帮助学有困难的学生取得进步所付出的劳动，"只管结果不问过程"。为了达到这个"结果"，教师甚至被允许采用各种不符合教育原则的手段、方法、工具，而不是向课程建设、向教育科研、向学生研究要课堂效益，其自身的专业发展必然深受限制。

这两方面的问题，可谓顽疾，制约着课程改革的深入推进和教师队伍的整体发展，集中反映了中国教育欠科学、不公平的一面。

二、解决问题的过程、方法及意义

第一阶段：明确思路。2006 年，福建省启动高中新课程改革实验，为教学评价改革、教师绩效考核的改革创造了条件。2008 年，晋江市教育局出台指导性文件《关于加强普通高中教学管理提高教学质量的意见》，提出"要加强质量监控，以高一学生入学成绩为依据，通过跟踪来测评、监控学校的教学质量，建立'看起点、比进步、论贡献'的评价激励机制"。该文件虽然没有进一步指出如何"看起点、比进步、论贡献"，但提供了一个很好的思路。

第二阶段：确立目标。基于"学生第一"的办学理念，从促进教师专业发展，促进每一位学生自觉、主动地成长出发，立足"看起点、比进步、论贡献"的改革思路，我校确立"三进三出"的教学目标，即低进中出，中进高出，高进优出。其含义是，经过三年的努力，成绩偏低的学生，达到中等水平；成绩中等的学生，达到优秀水平；成绩优秀的学生，达到更优的水平，让每一位学生都能在原有基础上实现发展（智力发展、情感发展、意志发展等）。

第三阶段：建立模式。这一模式即"成绩标准差等级制"，它由一条评价主线、一个等级结构、一组评价指标和一个评价工具组成。

其一，一条评价主线。

这条评价主线就是"看起点、比进步、论贡献"。"看起点"，即考核一个教师的教学绩效，要先看他所任教班级学生起始考试成绩的"家底"，学校把同一年级每个学生的起始成绩转换成标准差，确定其排列位次。这是考评的基点。"比进步"，即经过一个阶段，或一个学期，或一个学年，每一位学生成绩的标准差，跟起点的标准差比较，可以析得成绩是否进步。对一个学生来说，或对于一个班级而言，标准差提升了，表明成绩进步了，提升越多，进步越大，反之亦然。"论贡献"，即通过比较所任教班级全体学生先后不同的两次考试标准差的变化，来确认教师"贡献度"，并赋予一定的分值。

这条主线的确立，具有几方面的意义：（1）关注学生差异。教师可以从思想、心理、学习方法等层面促进学生在原有的基础上不断进步。（2）明晰学习目标。学生可以立足自己的学习起点，不断改进学习，努力提升成绩标准差。（3）体现过程公平。成绩相对优秀班级的教师和成绩相对较差班级的教师都站在相同的"起跑线"上，重视"贡献"，更重视在"起点"上的"进步"。

其二，一个等级结构。

一是确定等级类别。根据学校实际情况，按照标准差排序，把参与评价的年级学生的成绩分为 A、B、C、D 四类，A 类为优秀，依次类推，D 类较差，形成一定的梯度。二是划定等级比例。根据晋江市教育局中招对学生考试成绩的分类比例，分别给予一定的比值份额，即 A 类占学生数 20%、B 类占学生数 30%、C 类占学生数 30%、D 类占学生数 20%。三是标准差归类。确定每位学生的"起点"是属于哪一类别，以后每次考试都依照考试标准差重新归入相应的类别。这样，每个学生每一次考试成绩标准差位次都能归入相应的等级类别。这个"起点"是学生成绩的起点，也是教师教学绩效考核的起点。

这些做法和设计保证了整个评价结构的优化，具有以下特点：（1）有利于教师反省。每一次考试，统计出学生成绩的标准差，划入相应的等级类别，这并非主要目的，其意义更在于促进教师直面学生成绩标准差的变化，反省自己的教学观念、目标、内容、过程、方法等方面存在的问题，进而去分析问题，解决问题。（2）有利于学生反思。学生有时进步，有时退步，是一个动态性的变化过程。评价等级的建立，让学生明白自己处于怎样的一个等级位置，应该怎样面对问题，面对困难，在解决问题的过程中进一步认识自我，调整学习。（3）有利于师生交流。学生等级的变化是客观存在，又是教与学双向互动的结果。这是师生都非常关注的学习主题，据此进行交流沟通，共同分析、总结，效果特别明显。

其三，一组评价指标。

在"成绩标准差等级制"模式下，这一组评价指标包括七个项目并被赋予相应的分值——巩固率：30分；提升率：20分；平均分、及格率、优秀率：各10分；备课组协作、班级团队合作：各10分。总计100分。

1. 巩固率、提升率。教师的教学要帮助学生巩固学业成绩和提高学业水平，在原来的基础上有所提升。所以巩固率和提升率是"成绩标准差等级制"的重点项目。所谓巩固率，指的是学生考试成绩标准差仍居于"起点"上的那个等级类别，即A、B、C三个等级，D等级不属于巩固率范围。提升率指的是学生考试成绩标准差在"起点"等级基础上的提升，如D级提升到C级，C级提升到B级，B级提升到A级等。

（1）明确起点等级。每个学生都有一个成绩标准差等级"起点"，这是教师绩效考评的起点和专业发展的起点，也是学生进步的起点。

（2）计算增减人数。同一年级考试，教学班标准差A、B、C等级的人数分别比较于"起点"中相应等级人数，是增加还是减少，增加或减少的数量是多少。A、B、C等级降至下一个等级，视作A、B、C等级人数减少，不看作下一个等级人数增多。由A、B、C等级增加或减少人数与"起点"的A、B、C人数比较，就可以计算其巩固率和提升率。

（3）明确赋分标准。基于每一个学科，A级，多一个得2分，少一个扣2.5分；B级，多一个得1.5分，少一个扣2分；C级，多一个得1分，少一个扣1.5分。由此求得各个学科的"巩固人数"和"提升人数"，相应得出巩固率和优秀率。再把年级各班各学科的巩固率和优秀率分别排序，各分成A、B、C、D四个等级，A等级各得分25分，B等级各得分20分，C等级各得12.5分，D等级各得5分。

2. 平均分、及格率、优秀率。这"一分二率"关注的不是考试的原始分，而是其转换成"成绩标准差等级制"模式中的标准分。比如同一个年级的数学学科，甲班平均分"起点"是70分，乙班平均分"起点"是50分；某次考试后，甲班平均分是80分，乙班平均分是60分，两个班级都增加了 10 分，但不能说两个班级平均分增量相同，取得一样的进步，也不能得出甲班比乙班平均分绩效高的结论。科学地评价平均分、及格率和优秀率，要置于"成绩标准差等级制"的框架内。

（1）测定达标系数。基于不同班级不同学科平均分、及格率、优秀率的"起点"，根据统计学离散原理，测定不同的达标系数。比如，上例甲班数学平均分"起点"为 70 分，测定达标系数是 1.2，平均分 84 分为达标；乙班数学平均分"起点"50 分，测定达标系数 1.1，平均分 55 分为达标。

（2）测算是否达标。同一年级考试，根据达标系数测算考试的平均分、及格率、优秀率是否达标。如上例，甲班平均分达标系数为 1.2，那么平均分要 84 分才达标，如平均分 80 分，则不达标；乙班的平均分达标系数为 1.1，如平均分 60 分，则达标。

（3）赋予等级分值。在"成绩标准差等级制"的模式中，平均分、及格率、优秀率各 10 分，共 30 分。以班级为单位，计算所有学科的平均分、及格率、优秀率的达标分值总分，进行排序，划分等级，最后得出不同班级得到的平均分、及格率、优秀率的分值分别为：A 等级 10 分，B 等级 8 分，C 等级 5 分，D 等级 2 分。

这些项目的设计，弥补了原有的评价结构的不足，服务和促进了教学绩效的提高。

（1）完善评价结构。在优化平均分、及格率、优秀率这三个"传统项目"的同时，增加巩固率、提升率这两个项目，并赋予较大的分值，使评价结构更趋完善。

（2）重视成绩变化。这些项目的评价，给教师提供了大量有效的学生学习成绩变化的动态信息。比如，有的学生就差那么一点成绩标准差，就可以升到上一个等级，这不仅巩固了原来的等级，也给提升率的上扬带来了希望；有的学生就差那么一点成绩标准差，就会掉入下一个等级，虽然原来等级的巩固率保住了，但隐含潜在问题。

（3）关注个体发展。每个学生每次考试都面临着"巩固"或"提升"的问题，教师也面临着"巩固率""提升率"发生变化的问题。关键是找准问题之后，教师指导学生科学地制订计划，采取得力措施，运用有效方法，循序渐进，扬长补短，或是"巩固"，或是"提升"，以期取得理想中的那个成绩标准差的"等级"。作为配套措施，学校实行"导师制"，每个教师指导 3～5 个学生，为这项工作提供了重要保证。

3. 备课组协作。年级备课组紧密协作，能促进学科教学和研究的整体提升。在"成绩标准差等级制"模式中，备课组协作的情况也被纳入考评体系。

（1）确定参照。评价备课组的绩效，需要确定最高参照点。同一个年级，无论哪个学科的考试，都选出五个最高分学生的平均分，作为评价的最高参照点。假定"起点"数学学科，五个最高分学生的平均分为 92 分，那么这个分数就是"起点"评价的参照点。

（2）划分等级。将所有参加"起点"考试学生的成绩划分为若干等级，大致每 10 分一个等级，如上例，由于数学的最高参照点为 92 分，那么 A 级为 83 分及以上者，B 级为 73 分及以上者到 83 分以下者，C 级为 63 分及以上者到 73 分以下者，依次类推。学生的考试成绩有高有低，居于不同的等级。如果多集中在高位区，则说明成绩高，反之，如果多集中在低位区，则说明成绩低。

（3）赋予分值。同一年级的考试中，确定每个学科的最高参照点，依照四个等级，计算各个等级人数，并跟"起点"中相应等级的人数比较，可能发生增减变化。A、B、C、D 等级基本分值分别为 2 分、3 分、3 分、2 分。A 类减少一个扣 1 分，B 类减少一个扣 0.6 分，C 类减少一个扣 0.4 分、D 类减少一个扣 0.2 分，各类基本分扣完为止。按比例进行 A、B、C、D 等级排序，学科备课组居于 A 等级得分 10 分，B 等级 8 分，C 等级 5 分，D 等级 2 分，即各学科备课组教师获得相应等级的分值。

4. 班级团队合作。班级作为一个整体，有两个主体，一个是学生，一个是教师。作为教师能否团结合作，关系到学生能否健康成长。在"成绩标准差等级制"模式中，班级学科教师的团队协作情况也被纳入考评体系，即以班级为单位对教师进行考评。

（1）确定得分项目。这里的项目包括巩固率、提升率、平均分、及格率、优秀率、备课组协作等六项。之所以确定以上六个项目，是因为每个项目都离不开教师个体的努力，也离不开教师之间的合作。

（2）教师项目得分。在一个年级里，在某一次考试中，每个班级的每位教师都有自己的项目得分，即巩固率、提升率、平均分、及格率、优秀率、备课组协作等。在计算班级团队合作得分时，必须对教师的所得分数进行确认。

（3）赋予班级分值。由于教师获得的项目分数不同，所以每个班级学科教师分数合计结果不同，这体现了班级与班级之间的差异。按比例进行A、B、C、D等级排序，班级居于A等级得10分，B等级得8分，C等级得5分，D等级得2分，即每个班级学科教师获得相应等级的分值。

在"成绩标准差等级制"模式中，备课组协作、班级团队合作这两个项目的评价，发挥了很重要的导向和激励作用。

（1）协作：提升凝聚力。既关注教师的个体发展，又重视教师的共同发展，通过积极的教学绩效考评，打破学科壁垒和专业之墙，在学校文化建设中植入合作、对话、共享的因子，不断提升备课组和班级团队的凝聚力。

（2）互补：生成发展力。每位教师都有自己的个性、专长，都有自己的学科视野和专业维度，同时也都有自己的学科盲区和专业局限。对备课组协作情况、班级团队合作情况的评价，有效促进教师通过合作、对话、共享，走向专业互补，不断生成备课组和班级团队的发展力。

（3）超越：增强教学力。教学绩效考评需要明确各项指标、分值，但同时又不能被其束缚。对备课组协作情况、班级团队合作情况的评价，虽然也有相关指标和分值，但其中更关注的是团队的共同成长，团队对学生业业进步、身心发展的共同作用。这也有效促进了广大教师既基于学科又超越学科，研究课程、研究课堂、研究学生，在教学上落实"学生第一"的办学理念，在不断提升教学绩效的同时也在不断增强教学力。

其四，一个评价工具。

为了从技术上完善"成绩标准差等级制"的实施，提高其科技含量和使用效率，经过几年的实践与调试，我校自主设计、开发了"成绩标准差等级制"应用软件，建立了相应的计算机数据系统。相关等级、指标、分值的分类、评估、统计实现系统化、数字化，进一步增强考评过程的透明度和考评结果的公信力，使教学绩效考评成为改进课堂教学、促进师生发展的重要推力。

值得一提的是，2017 年 11 月，该应用软件作为学校的技术专利（名称：一种教学绩效评价的方法及系统；专利号：201710585662.3）通过国家知识产权局的初审，现已进入实质审查阶段，未来可推广应用。

三、成果的主要体现

实施"成绩标准差等级制"模式，不断改进教师教学绩效考评方式，推动了学校育人事业的积极发展和办学水平的日益提升。其成果主要体现在以下几个方面。

其一，落实"学生第一"。"学生第一"是我校的办学理念和核心文化。实施"成绩标准差等级制"模式，解决了如何关注个体、关注差异、关注每位学生在原有基础上实现发展的问题，也在一定程度上回答了如何"面向全体"的问题，使"学生第一"的理念落实在了教育教学和教师发展、学校发展的全过程。

其二，优化教学方式。借助各种评价结果及过程性资料，教师诊断教学问题，改进教学方式，学生则可以调整学习目标，总结学习方法，形成自主学习、自我纠错的能力，实现教学协同，师生共进。

其三，提高教学质量。这些年来，尽管生源情况不如预期，也就是"起点"不很理想，但因为有"比进步""论贡献"的导向与激励，教学质量提高很快，学生综合素质明显提高，高考升学率稳步提升。2012 年晋江市中考，全市优秀考生 1413 人，占 18%（预期可上本一），本校招录 327人，占 23.1%。三年后的 2015 年高考，本一上线 375 人，上线率 68.1%，三年提升 15.6 个百分点。2019 年，本一上线率 71.86%，考取清华、北大的有 8 人，另有大批学生进入 985（原）、211（原）大学。

其四，丰富教帅文化。教师的"贡献"被建立在"起点""进步"的维度和框架内，而不再只是看最终的考试结果。教师当然也要关注考试，关注成绩，但不再是"不择手段"，而是下移教学重心，研究课程、研究课堂、研究学生；打破专业界限，追求团队协作，共同建设合作、对话、共享的教师文化，共同建设学习、研究和专业成长的共同体。毫无疑问，这是一所学校实现科学发展的关键。

其五，推进教育公平。教学绩效考评围绕"看起点、比进步、论贡献"这条主线，确定等级结构和评价指标，设计相应参数，经过计算机软件分类、统计，得出具体的教学绩效，其最大的特点是公平，对教师如此，对学生和学生家长也是如此。

四、效果与反思

（一）效果

我校的"成绩标准差等级制"模式，在社会上，在教育界，其积极的影响力日益扩大。

2011 年元旦期间，上海黄浦区教育考察团到我校参观考察，并评价说："三进三出"的目标体现了一种教育公平，教师教学绩效考评体现了一种教育公正。

2013 年 4 月 7 日，在福建省教育学会联盟校大会上，学校作《文化自觉：道德教育与制度规范的互动发展》的经验介绍，其中对教师教学绩效考评有一个论述："学校依据'看起点、比进步、论贡献'，制订综合评价教师课堂教学绩效的工作方案。几年来，七次召开不同形式的座谈会，对评价方案进行修改。每一次修改，更趋于合理，臻于科学，更符合大多数教师的诉求，从此走出一条完善绩效考核体系，加快学校内涵发展的探索之路。"这给与会者留下了深刻的印象。

2012—2017 年，先后有十多所中学到我校参观考察，学习和借鉴"成绩标准差等级制"评价模式。2014 年，晋江华侨中学实施教师教学"成绩标准差等级制"，三年来，教学质量大幅提升：中考 9A 率，2014 年，8.29%；2015 年，10.96%；2016 年，22.41%；2015—2017 年，连续三年荣获晋江市初中毕业班教学质量奖，"七率"在同类学校中居第一名，在社会上产生了良好的反响。

2016 年，晋江一中、泉州中远学校联合办学，中远学校实施教师教学"成绩标准差等级制"，2016 年秋，2016 级初一学生统考成绩从晋江市综合排名第 35 名提升到第 9 名，2017 年秋，提升至第 8 名。

2017 年 12 月，泉州市 2017 年普通高中教学质量提升专题研训活动中，我校作《绩效评价，撬动质量提升的杠杆》的专题发言，得到一致好评。

2018 年 2 月，在晋江一中召开的全省高中毕业班教学工作培训会上，学校作《改革教学绩效评价，撬动高考质量提升》的专题发言，福建省教育厅号召全省中小学学习晋江一中教师教学绩效评价改革的经验。

（二）反思

教师教学绩效考评如何实施，不仅关系到教育人事制度的改革，更与教育事业的科学发展息息相关。着眼中国教育的未来发展和中国社会的未来需求，基于学校的办学规划和发展进程，已经实施十多年并不断改进的"成绩标准差等级制"模式，仍然存在一些问题，而且会引发更多的问题。从进一步提高其科学性和实效性出发，我们有如下反思。

1. 如何完善项目指标。决定教师教学绩效的因素很复杂，各种因素之间又会相互影响。"成绩标准差等级制"模式中的七个项目即巩固率、提升率，平均分、及格率、优秀率，备课组协作、班级合作等，还须通过反复的实践验证，考察其科学性和合理性，以进一步完善这些考核指标。

2. 如何体现过程评价。评价除了有终结性评价，还有过程性评价。只有二者兼而有之，才能保证评价、考核的科学性和有效性，才能真正达成评价、考核的目的，更好地促进师生发展。现在实施的"成绩标准差等级制"模式偏重于结果考核，而过程性评价、过程性考核还不够清晰、明确（准确）。这是急需深入探讨并根本解决的关键课题。

3. 如何健全评价体系。"成绩标准差等级制"模式主要是面向课堂教学成效的评价，尚未能全面、完整地反映教师的专业素养和育人水平。如果能覆盖教师在学科德育、师生关系建立、教育教学研究等方面的因素，使其作为一个评价体系更加健全，那么它将更好地发挥促进教师专业发展的作用，更好地服务于学校实现全面育人的目标。

家长学校：校本课程与家庭教育

作为"福建省德育工作先进学校"，晋江一中家长学校基于"学生第一"的理念，充分发掘自身资源，积极开发各种形态的校本课程，不断提高办学质量，不断提升每一位学生所在家庭的"教育品质"，为学生的健康成长奠定更好的基础。

一、教师与家长一起学习

1. 编印教材。学校编印系列校本教材，供教师与家长学习。其中《爱的秘诀》一书，分为五个部分：没有尊重就没有教育，教育的核心是做人，给孩子一个宽松的空间，捍卫孩子的权利，人人能够成功。不管是家长还是教师，他们同读一本书，关注同一个对象——孩子（学生）。

2. 专题讲座。针对一些普遍性的问题，学校先后邀请来自北京、上海、香港、台湾等地的家庭教育专家或心理教育专家开设专题讲座，内容涉及亲子共读、师生关系、亲子关系、儿童心理、学习效率、网瘾、"早恋"等；根据家长的实际需要，学校领导、骨干教师面向家长学校作相关的专题讲座，主题有"道德的修炼""爱是一种能力"等，帮助家长解决具体问题，拓宽认知视野。

3. 经验分享。一个家庭就是一部家庭教育的发展史，一位家长就是一部家庭教育的案例集。我校聘请了部分家长作为家长学校的兼职教师，定期分享育儿之道。2011年我校高中毕业生、泉州市文科状元林婧婷，被清华大学录取，她的父亲林德田为家长朋友们分享了自己的家庭教育经验——《家庭教育：抉择》，不仅给家长带来了启发，也给老师们带来了深刻的启迪：一个好的教师，应当就是一个好的家长；一个好的家长，应该是一个好的家庭教师。

二、家长与学生共同成长

1. 观摩活动。学校开展的各种活动，既是道德教育的有效载体，也是学生才华的展示舞台。每学年，学校的开学仪式、毕业式、学生表彰大会、校园文化艺术节、体育运动会等，都会邀请家长学校的成员和一些家长代表来观摩，使他们有机会在一个与家庭完全不同的环境当中，近距离观察孩子、了解孩子和欣赏孩子，不少家长往往都有这样的反应："想不到我的孩子还有这个能耐！"

2. 同台活动。学校创造各种条件，让家长与自己的孩子同台参加活动，如主题班会等。在某种特殊的环境中，人总是特别容易动情，也特别容易共情。亲子同台，对于很多家长和学生来说，这样的特殊环境，往往能带来很好的教育效果。我们也注意到，有的家长不愿意参与这样的活动，有的学生也不习惯在这样的场合与自己的父母面对面。所以，我们不作统一要求，而是尊重这些学生和家长的选择。

3. 箴言寄赠。每年寒暑假，家长学校都会给学生寄送卡片，以示假期的祝福和新春的祝愿，激励家长和学生携手进步。2013年春节，校长收到学生和家长回复的短信多达1300多条。家长学校还在各个班级开辟名为"家长寄语"的专栏，让家长"走进"教室，让学生聆听长辈的心声。2012年那一届的高三9班，每位家长都送给了自己的孩子一句箴言。黄强的家长如是说："只要你努力，结果是什么并不重要——永远支持你的爸爸。"

这种借助文字的情感交流，虽然无声，同样有很大的教育意义。

三、家庭与学校同步提升

1. 家长大会。学校每学期都召开家长大会，自 2010 年 7 月起，我们改原来的那种"行政会议"式的家长会为"文化故事会"。"文化故事会"式的家长会，围绕某个主题，学生、家长、教师同台讲述文化故事，既分享经验，也建言献策。

2. 心理辅导。高中 2014 届高二年级的杨同学，因与家长的关系处于紧张状态，一连几个月都不回家。在一次家长学校的活动中，家长反映了这个问题。学校的心理咨询教师及时介入，以故事疗法为主要手段，通过引导性提问，启发杨同学讲述自己的成长故事以及其中的种种困惑，并共同进行分析这些困惑的来源与成因，帮助他拨开层层情感和心理的迷雾。在这个过程中，家长学校与家长保持沟通、反馈，引导家长对自身的教育方法进行反思。前前后后经过五次心理辅导，历时一个月的时间，杨同学终于回家了，家长也意识到：要改变孩子，首先要改变自己。

3. 家庭访问。家长学校组织教师定期进行家访，要求做到勤于家访，更善于家访。2013 届高三年级一位女同学，父母双亡。教师家访时，她的爷爷总是喜欢讲孙女的不幸，每每让人唏嘘不已。我们意识到，不能让孩子一直生活在这种"不幸"的暗示中。通过多次家访、交心，一老一少两个人慢慢走出了生活的阴影。"不幸就像一块石头，既可以成为人生幸福的垫脚石，也可以成为生活质量的绊脚石。"

家庭书房：书香家庭与"文化闹钟"

家庭是人成长的第一站，也是教育的第一站。如何让家庭教育、社会教育和学校教育更有效地打通、融合，共同促进孩子成长，在办好家长学校的同时，我们自觉探索、认真实践"家庭书房"的建设。

一、建：引导和帮助学生家庭建一个知识库

一张书桌，一个书架，一盏台灯，一批藏书……引导和帮助学生家庭建一个知识库。通过印发"告家长书"、召开家长会、组织家访，向家长和学生阐明意义：不比居室大小，不论藏书多少，只要一间静室，只为一种习惯，只求一份涵养。于是，我们欣喜地看到了一个个家庭书房的建立：从无到有，从小到大，从单调到丰富，从杂乱无章到洁净有序……

一直和父母一起租住在别人家里的刘星同学这样写道："书房即卧室。之前我一直没有书架，每当买回一本心爱的书，只能让它委屈地躺在书箱里等我。这个星期，老爸在我的请求下，为我买了一个书架。摆上之后，我可没闲着，先是将书架

擦拭干净，接着把几个书箱里的书本分类排放。它们，终于有了新家。"

在一次"家庭书房"的主题班会上，孩子们深情陈述：并不宽敞的住房里，竟有了自己可以静心阅读的一隅；一向节俭的母亲，却为自己购买了许多经典名著；喜欢看影视剧的父亲，从此调低了电视机的音量……因为有了书房，更多的家庭喜欢上了阅读。

二、创：创造自己的家庭阅读生活

根据家庭的特点和自己的阅读爱好，学生给自家的书房取名，设计格言。这本身也是家庭成员言语交流和思想碰撞的过程，其中自然蕴含着丰富而生动的家庭生活故事。

林伊明同学给书房取名为"心寮"。她自己的解释是："'寮'有小屋之意，之所以取名为心寮，一者是受了《草房子》中药寮的启发；二者是我认为书房有治愈的效果。在我的书房里，拿起书本，入乎其内，浮躁的心灵在寮中有憩息之所。"书房的命名，赋予了书房以书房主人的思想个性和理想追求。

高一14班张雨寒同学的爸爸感慨地说："耕读传家是我们中国的优良传统。一个家庭，不能只有'耕'，还必须有'读'；不仅孩子要读，父母也应该读。"这位父亲的想法，可以说代表了很多家长的感受和希望。现在有了家庭书房，亲子共读的条件更好、机会更多了。一个个家庭，不断创造着自己的阅读生活。

三、享：共享书香家庭的亲情和成长

一家人共同分享书香，既可以从经典中得到情感上的愉悦和享受，又可以引起哲理上的思考和进步。

"晚上，橘黄色的灯光下，桌旁坐着我和爸爸、妈妈。大家静默无声，守着自己的书看着，偶尔谁的脸上露出一丝微笑，偶尔谁的眉头悄悄紧锁……"这是赖培芳同学日记中的一段话，鲜活而深情地描写了家庭阅读生活，书籍、阅读，成了一家人的情感新纽带和新的精神源泉，他们在书香之中，共享精神的成长。

学校还通过主题班会及"书香家庭"家长座谈会，鼓励学生和他们的父母分享读书心得和读书故事。高一14班陈小青同学的妈妈说："以前从不懂得与孩子共读一本书竟是这样的美好！现在，我很享受陪孩子一起阅读的时光，那不仅是情感上的享受，更能获得与孩子共成长的喜悦。我的孩子现在不仅会在我生病的时候，拿着书读故事给我听，还从阅读中找到了自己的兴趣爱好，制定了自己的人生规划。"

四、传：以良好家风影响子女及社会环境

传递薪火、传承家风、传衍德善、传经送宝，以良好家风影响子女及社会环境。"一个家庭有优良的家风家教，这个家庭就会和睦兴旺；无数家庭传承优良的家风家教，这个社会就会充满和谐友爱。"学校开展"我的书房，我的故事"活动，"多做书虫，少做网虫"，使家庭有了"文化闹钟"，时时提醒着家庭成员该闻闻"书香"气了；以书房为平台，以阅读为目标，以故事为载体，让良好习惯不断得到培养，让传统文化得到发扬，让优良家风代代相承，让珍贵经验不断传送。

学校专门出版《我的书房，我的故事》丛书，分发给学生及家长，并通过学校网站及微信公众号进行传播，很多家长纷纷在朋友圈转载并热情点赞。《晋江经济报》、晋江电视台都作了采访报道，无意间在社会中掀起了一股"阅读新风"。因感动于"我的书房，我的故事"活动，老三届校友赖永铺将家里珍藏的1万多册图书捐赠给母校，学校将之安置一室，取名"春晖书屋"。这一捐赠行为，一方面为捐赠者自家子女做出了回报社会的榜样；另一方面，也借助学校载体影响历届校友及在校师生，进而影响师生背后的一个个家庭，也在某种程度上影响了社会的进步。

建设"家庭书房"，不仅是我们积极探索推动全民阅读的积极尝试，也是我们努力把学校教育与家庭教育、社会教育进行有效对接和相互融合的新探索，在提升办学质量的同时，自觉为提升公民素养、构建和谐社会做一些力所能及的事情。我想，这就是我们所追求的"大教育"。

2014年12月14日，晋江市委宣传部邀请我校作专题经验介绍；2015

年 10 月 28 日，福建省委宣传部宣教处陈璇处长深入我校进行调研；2016 年 6 月 29 日，海峡出版发行集团林彬总经理来到我们学校考察。有关部门、领导充分肯定了我们的工作，并鼓励我们把"家庭书房"做深、做细、做活，"假以时日，你们的'家庭书房'一定会产生更广泛、更积极的社会效应，影响更多的家庭和孩子"。

第四辑
我的办学故事

初为人师

地图加棍子：我的第一堂历史课

1989 年，夏。明媚的阳光洒满小镇的街巷，清爽的海风簇拥着步履匆匆的师生们。

初为人师，我穿戴整齐，步履稳健，信心满满地迈进校长办公室。此时的我，已不是当时那个迷茫的师范生了。经过实习期间的磨炼，坚定的教育信仰已扎在心中，我有信心做好学校分配的工作。

"小陈老师，你大学期间读过辩证法吧？"校长问。

我有点惊讶，一时不知道怎么回答。

"哈哈，你不要吃惊。"校长对我温和地笑了笑，继续说，"从你的简历看，你的学业很好啊，还选修了不少理论知识，所以，学校安排你执教初二的历史课，另外兼教初一的政治课。"

刚才还轻松自得的我，顿时有了压力：没想到任务的难度不小啊。我行吗？嗯，行的！勇于挑战的我一字一顿地回复校长："好的，校长，您放心！"

于是，初涉教坛的我就执教两门初中课程，同时担任一个班的班主任。9月1日早上，我的第一堂历史课就要开始了。

我早早地来到教室。

在这之前，我做了一些调查，得知历史学科被称为次科，初二的学生早就厌倦了传统枯燥的教学方法，课堂上大部分是无精打采的。所以，我今天想给历史课来个全新又深刻的阐释。

走上讲台，作了自我介绍后，我挂起一幅大大的世界地图，随即举起一根长棍子。讲台下立即一阵骚动，同学们纷纷议论起这棍子到底做什么用，有的以为这个老师肯定凶，谁倒霉谁就要挨打。我笑盈盈地看着他们，用棍子画出一条很长的直线，问道："谁知道这条直线代表什么？"

教室里又热闹起来，同学们脱口而出各种有趣的答案。我走向每个张嘴回答的学生，侧耳倾听他们答案背后的想法。一番师生交流后，我缓缓走回讲台，镇定自若地说道："我们中国的历史源远流长，我用这根长线来表示时间，这是一个5000年的时间轴。"

我的历史课，就在这个奇妙的长线时间轴里拉开帷幕，我的教师生涯也就此开启。

在这节历史课上，我以时间轴为主线，以世界地图为辅助，宏观地概括了中国历史和世界历史，把中国5000年的文明和世界的历史联系起来。同时，借助这个时间主轴，着重把中国的四次民族大融合条分缕析地讲个透彻，说个痛快，其中所蕴含的历史"分分合合的道理"极大地启发了学生。这种教学上的新尝试，估计是以前的历史老师很少去实践的，教学内容也颇新鲜，所以，课后许多同学情不自禁地说："陈老师讲的历史课真好听。"

犹记得，这节课的最后，我引用唐太宗的话语"以古为镜，可以知兴替"告诉学生："历史是一面镜子，可以给人无限的启迪，我们一定要认真学好历史。"从此，我的学生不仅不再漠视历史课，还喜欢上了历史。我从中悟出一个教学理念：每节课一定要带给学生收获点和启示点。

或许，我在无意中发现了一种朴素的历史教学哲学理念。

溜旱冰：厕所班的故事之一

1990 年夏末，太阳还是那般炽热。经过一个暑假，蓬勃的野草在这乡村校园处处可见。我如期回到学校，准备新学年的工作。

按学校的安排，本学期我要接替一位请假的同事，担任初二 6 班班主任。说起来，我心里是喜忧参半的。这个班级"名声"不好，不少学生在初一时就习惯了逃课，各种违纪行为接二连三地发生，学习成绩更是差劲。由于教室靠近厕所，所以就有了一个雅号——厕所班。记得学校领导当时笑吟吟地说："小陈啊，你有能力，这个班就靠你来整顿了。"

上课铃响了，我来到教室门口，不出意料，大多数学生不是端坐着等待老师的到来，而是东倒西歪，大声喧哗。"我们班又换'新产品'了……"一个斜靠着的同学肆无忌惮地朝同学们大声宣告。老师居然成了他们眼中的"又一个新产品"，我的心情十分沉重，那节课也在闹哄哄的氛围中乱糟糟地结束了。

对于这个"厕所班"，我感到很头疼，美好的教育理想看来遭遇滑铁卢了。但是，恐惧、逃避不是我的个性，我一次又一次暗下决心：一定要改变这个班级的面貌。

我开始着手调查相关情况，了解到不少信息。这个被歧视的"厕所班"是由全年段的"差生"组成的，其中，有个同学已经 18 岁，比我才小 3 岁。"厕所班的学生自暴自弃，班级纪律、课堂秩序混乱，学校各项评比都居倒数。科任老师换了一个又一个，都觉得他们无可救药……"这些历史遗留问题摆在眼前，我该从哪里找到问题的突破口呢？

记得当时社会上流行溜旱冰，班上不少同学都沉迷其中，为此而迟到乃至旷课的不在少数，班风看来得从这个点上开始整顿了。对这种"不务学业"的行为，我是深恶痛绝的，不过，已经备受责骂和侮辱的"厕所班"同学，还经得起一场暴风疾雨般的批评和指责吗——又或者，批评和指责对他们还有用吗？我陷入了深深的思索中。

我决定"顺势而为"。一次，我在班上问道："同学们喜欢溜旱冰吗？""喜欢！"大家异口同声。"陈老师虽然不会滑冰，但很想尝试一下，我们一起去玩好吗？"同学们先是一愣，接着就来了劲，直呼："好嘞，我们来教你，陈老师。"

"怎么没骂我们呢？还一起去，可不要太刺激了！"一女生嘀咕道。

"这下我们可以不用提心吊胆啦，放心玩起来！"一男生兴冲冲地说。

大家交头接耳，看起来又兴奋又有点不解。

我趁机说："正当的休闲娱乐是合理的，但是不能因此违反纪律。"接着我和他们商量着："我们一个月去溜一次旱冰，其余时间都不去，自行偷偷去的同学，要接受班级所有同学的批评甚或处罚，好不好？"可能是出于新奇，又或许是因为理解，大家都高兴地同意了，就这样，我和同学们完成了约法三章。

接下来的几个月，我都践行我的诺言，一次、两次，每次我都带着全班同学进入滑冰场，队伍浩浩荡荡，同学们感到特别地高兴，蹦蹦跳跳，七嘴八舌，玩得酣畅淋漓。

滑冰场上，有的同学技术不好，经常会碰到其他同学，被碰疼的同学不仅没有生气，还很绅士地摆手说："没关系，小心点。"

我呢，对溜冰这样的新玩法一窍不通，为了不破坏大家一起玩的气氛，还是穿上溜冰鞋。刚开始时，歪歪扭扭地挪着脚前进，同学们看见我这副快要跌倒的样子，纷纷停下脚步要扶我，我明白他们是怕我摔疼了，心里顿时涌起了一股暖流。

这个班的同学其实也是关心老师的，他们和其他同学一样善良，一样心中有爱。我似乎找到了光，找到了解决问题的突破口，霎时信心大涨。我告诉热心搀扶我的同学们："谢谢你们，但是我要自己滑，因为老是被扶着而不自己摸索，恐怕永远也学不会滑冰啊。"大家没说什么，但都若有所思。

后来，正如约定的那样，几乎没有同学为了溜旱冰而违规，大家开始慢慢地有所变化：同学们相互帮助的现象渐渐多了，师生感情逐渐变得越来越好，很多同学主动和我谈心，甚至为改变班级面貌提了许多宝贵的意见。到了初二下学期，这个班的同学改掉了很多不良习惯，我也无需再像当初那般蹙额皱眉，忧心忡忡了。

我发现，班级建设和情感教育在溜冰活动中完美落实。我也体会到，对学生严格高标又开放包容是多么重要。教育真的要注入爱，而且还要开启智慧。方法很多，只要能启发学生自我发现，能促进学生主动发展，就是好方法。

流动红旗：厕所班的故事之二

翠绿的榕树叶子上，洒满秋日的阳光，几个同学正忙着打扫校道。我伫立在窗前，熟悉的校园景象让人心灵平静。随着班级面貌的改变，同学们好像感到了春天般的温暖，个个面带微笑，精神灿烂。

"没想到陈老师还留在我们厕所班呢！"同学们有感而发。

几乎同时，略带责备的话传来："不要再提'厕所班'这三个字了！"

我不时看看他们，却又不刻意流露感情，可事实上我的心里波澜起伏。要想真正甩掉这三个侮辱性的字眼，除非让流动红旗光临这个班级，而这几乎是一个他们想都不敢想的目标。

过了几天，在班干部会议上，我提出：是时候争取甩掉"厕所班"的帽子拿流动红旗了！

"不可能吧，我们班能够拿流动红旗？"

"陈老师是不是太高估我们了？"

就在大家嘀嘀咕咕、疑虑万分时，我走到黑板前，写下"破解红旗问题"几个大字。"同学们，世上无难事，只要肯攀登。别的班级可以拿到红旗，为什么我们拿不到？"紧接着，我详细分析了流动红旗的有关评分细则，和同学们一起制订了计划，一个个明确的小目标立在了每个人的眼前，而那个大目标都藏在我们心里。

首先是课间操，拿到第一才可能为红旗目标打下基础。课间操怎么拿第一呢？只有发自内心地想拿第一才能实现。

"大家想不想拿到课间操比赛冠军啊？"

"想啊，冠军光荣啊！"响亮的声音没有任何迟疑。

他们有这种想法和愿望，那就好办。我说，想就对了，但是不能空想，我们要制定严格的制度。在我的提议下，大家为课间操选出了专门的值日班干部，轮流值日。等到做操评比的时候，当天的值日干部站在队伍前面，认真检查，及时记录做操情况。假如评比没有得第一，就是他的责任，他就要向全班同学指出是谁"拖了后腿"。这种责任明确的班级制度让以前不大重视做操的同学改变了很多，加上大家事先有了一个明确的"红旗目标"，所以见效明显。值日的同学认真公正地监督，同学积极主动地做好操，课间操做得越来越好，没过多久，我们就拿到了课间操评比的冠军。

然后就是卫生评比。劳动委员告诉我，大家都觉得卫生无所谓，反正每次评比都是垫底，做没做都一样，有的同学轮到做值日时还会溜走。

不能再犹豫了，必须对班级卫生工作采取有效措施。最有效的措施就是责任到位，是非分明。经过仔细考虑，我又拟定了一个卫生规定：班级卫生按小组轮流负责，每个小组力求每周评比获得第一，如果哪周没有拿第一，这个小组就要继续值日，一直做到卫生评比第一才行。表面看起来这个规定过于残酷，可实际上对于打扫卫生这件事情来说，认真负责就有效果。从第一周开始，值日的同学兢兢业业，连一片纸张都不放过，桌椅排得整整齐齐，评比前如临大敌，唯恐被扣分，没有一个同学开溜，每个人都细谨以待。功夫不负有心人，通过全体值日生的努力，我们班终于拿到了第一。从此，班级卫生便井然有序起来。

黑板报是第三个问题。宣传小组虽然努力，但不得要领。我通过分析研究，摸索出了出黑板报的一些"秘诀"，然后告诉宣传小组的同学：不能只是简单死守学校给定的主题，"关键在于三点"，迎着期待的目光，我一字一顿地强调："第一是主题有亮点，最好是独一无二的；第二是要注意书写，做到美观整齐；第三是要有故事，写自己班级的故事，绝对不要去抄袭。"同学们似乎恍然大悟："早知道就好了。"

按照这三个关键点，同学们汇聚众力，在后来的黑板报评比中，果然一鸣惊人，拿到了第一。

就这样，我们班的几项评比都拿到了第一，流动红旗终于第一次"流"进了我们的教室。这是我们全班同学凭着努力和智慧收获的第一面红旗，是那么鲜艳，那么让人骄傲。那天，同学们在教室里欢呼雀跃，那欣喜的场面，仿佛过节一样，至今我都记忆犹新。

后来，学校的五面流动红旗基本全被我们班拿到了。这时候校长来找我说不要那么"狠"，"礼让"一下其他班级，不然其他班级就没有干劲了。之前的厕所班，居然能让校长亲自出马，劝其"放缓速度，等等其他班"！

建一所有哲学追求的学校

"嗯，校长，您可以让其他班加点劲儿来争取嘛！"我表面上不动声色，其实心里暗自拍手。回到班级，我赶快给同学们说了这件"石破天惊"的事，大家都沸腾了，他们为自己的班级感到无比自豪，眼眸里尽闪着激动的泪花。

厕所班赢得了荣誉，拥有了自尊，成为"红旗班"，再也没有人敢随意嘲笑我们了。班级的风气彻底转变，我终于破解了一个大难题，有了更深的教育体悟，更大的教育干劲。

难办的学风：厕所班的故事之三

那时候，侨声中学在晋江尚不大引人注意，生源一般，学生的学业成绩不突出，而我带的班级就更加普通了。经过一段时间的整改，虽然班风好了很多，可学风还是存在很大的问题，毕竟学生的学习基础实在太差了。

就拿英语来说，那一年年段平均分大概在 80 分左右，我班却在及格线上徘徊。有个学生叫叶双马，成绩奇差无比。有一次英语考试，我做监考，他只考了 8 分，我气得不行，严肃地对他说："8 分，买不起一根冰棒！"话虽带着火气，可心里不是滋味，学生成绩不好，责任也在我啊。

我深知，班级要攻克学习这个难关，一定要对症下药，目前大家最缺乏的就是信心，所以我意识到最重要的是要树立班集体的学习信心。叶双马是大家公认的成绩最差的同学，如果能够把他的 8 分变成 80 分，那其他同学应该就会受到极大的鼓舞，而且，教师本来就应该给特殊学生特别的关爱。想到这儿，我心里又燃起了斗志，没错，就从叶双马同学开始。

为帮助他解决英语学习上的困难和障碍，我反复研究教材和练习册，摸索出了一套叶双马式"英语单词记忆五步法"，并把方法和技巧慢慢讲解给他听。就这样，对前景感觉有了光亮的他，"亲其师信其道"，积极行动了起来。是的，他果真一点一滴地克服自己的惰性，通过努力，记住了一个又一个的单词。我告诉他，人的潜力是无穷的，只要肯用心读，8 分也会变 80 分。记得当时，他的神情还有些木然，似乎觉得那是天方夜谭。后来，随着他单词量的扩充，他的英语成绩渐渐好了起来。这种变化让全班同学都十分好奇，还偷偷向他讨教"秘方"。到了初三下学期，这个"差生班"的中考英语成绩达到了晋江市的平均水平，而叶双马，从初二时的 8 分跃进到 72 分，达到"良好"等级。

如果说单纯让一个学生考好容易做到，那么想让所有同学都考好就比较难以实现了，更何况还不止英语一科。但是，倔强的我坚信：任何一个班级都有潜在的实力，关键是找对方法。

我做的第一件事就是让全班学生写下自己的优点——大胆地写，实事求是地写。然后我把这些优点贴出来，并时不时鼓励他们，以此不断滋养他们的自信心。

第二件事便是倡导勤奋。天道酬勤，只有努力才能把基础补好。我鼓励学生报名补课，时间就定在周末。我对所有同学说："要是你认为你需要援助，你就主动报名。"我让各科科代表主动邀请老师来补课，每个周末我都陪伴着主动申请"补课"的他们。为了对科任老师的额外劳动表示感谢，我还引导学生募捐一些班费，然后买些有意义的礼物送给老师。

在师生一心的努力下，我班出现了热火朝天、争先恐后的学习场面。渐渐地，学生的学习成绩赶上了中等班。一年后的中考，我班取得了丰硕的成果，许多同学收到了理想高中的录取通知单。

当我终于舒了一口气的时候，校长再次找到我，说："下学期，准备好接受另一个挑战吧。"

现在回想起来，我的教育生涯委实因无数的挑战而丰盈了经历。

金山岁月

那一年，我25岁

1994 年 7 月，我收到晋江市委组织部的"调函"——到晋江市综合治理委员会工作。我很是激动，"跳出教育"，那是 1990 年代青年教师的一大向往。此时的我能够"跳出教育"，绝对是一件万幸之事。

8 月初，我又接到晋江市教育局的通知：调任金山中学校长。

去综治委，还是去金山？"当了五年教师，我收获甚多，既然教育需要我，好！我留守教育！"虽有过挣扎，但我最终毅然决然地选择了教育！那一年，我 25 岁。

8 月 24 日，我穿上一件白衬衣，顶着炎热的夏日，一路尘土飞扬，来到了金山中学所在地——肖下村。

出现在我眼前的金山中学，低矮的石头围墙里，满地黄土，杂草丛生，坑坑洼洼的"操场"上，斜立着一个锈迹斑斑的篮球架，还有一座两层楼的石头房……烈日下，我大汗淋漓，踟蹰不前，好像没有往前迈的力气。

这时，几个外籍新教师刚好也来报到，"这是中学吗？"大家满腹疑问。"这就是我们今后工作的地方。"我跟他们打招呼。

接下来的日子里，我内心一直不太平静。一间简陋的教室，摆着几张老旧的木桌，这是我们备课、办公的地方。五六个教师挤在一间昏暗的宿舍里，屋角杂乱堆放着锄头和粪箕，几条高低不一的木凳子……这就是我们长期生活和休息的地方。没有水，没有厨房，这一切该如何开始？"校长，怎么办？"我一次次地叩问自己。

日子总要过，工作总得做。第二天中午，我到村里拜访村书记，只见他托着个大碗在屋前吃饭，"书记，你好！"我乐呵呵地向他问好，他却不屑一顾地点了点头，一点友好的意思也没有。我原先想好的满肚子话语，被他的冷脸相对给憋了回来，自讨没趣地站了许久。回来的路上，我思索着："是我太年轻，人家看不起我，还是他也有苦衷呢？"碰壁的我，心事重重，脑海中不断翻腾着不同的画面。

开学第一天，学校来了很多情绪激动的家长："这所学校这么糟糕，我们要转学。"他们闹哄哄地叫着，让人受不了，更让人着急——几十个人要转学，这还得了。第二天，我与副校长商议，召开全校动员会，明确当前的第一大任务就是做好家长与学生的稳定工作。在动员会上，我坚定地站在主席台中央，充满热情地向家长们保证："请大家给学校时间，我们一定给你们满意的成绩，请相信我们！"我的热情很快又被家长的"不信任"浇灭了，百般动员之下，还是有十几个学生"溜走"了……

几天下来，我身心疲惫，深感困难重重，无奈至极。目睹学校现状，千头万绪，我无所适从。徘徊在学校的黄泥巴路上，我感叹着学校工作之棘手。

从自己做起

一个问题接一个问题地纷至沓来，这般棘手，我陷入无尽的苦闷中……

"从我们自己做起！"我当然不愿深陷在这苦闷的泥淖中，必须理清想法，付诸行动。我找来副校长，说："我们要先整顿校园面貌，哪怕用一个

　　建一所有哲学追求的学校

月的时间。"

第一步，挖一口井，解决用水问题。看到师生们每天花很多时间很辛苦地到校外提水，我心里很不是滋味，第二天，我急匆匆地来到40公里开外的市教育局，找到了局长："学校亟须饮用水，请给予支持。"年轻稚气却显率直的我向局长请求支持，"好的，局里会帮忙解决一些实际困难的。"局长的态度让我很兴奋。不久，一口水井挖好了，水经过水管流到了每个需要的地方。拧开水龙头，哗哗的水声，激动了几百位师生的心。师生们欢呼雀跃，奔走相告，整个校园充满了甜甜的幸福感。解决了用水问题，听着师生们从心底发出的快乐之声，我觉得自己办了一件大事，心里踏实了许多，也感到底气更足了。

第二步，自己动手，平整操场。

凹凸不平的操场上，杂草肆意张扬着自己的生命力。不过，它们的生命之旺，旺不过我们"变得更好"的心。

扛起锄头，举着铲子，挽起裤脚，我和老师们一起走向杂草丛生的操场，挥汗如雨；班主任也组织各班学生到操场除草，填补洼地……最原始的劳动，最真心的投入，那场面可谓热火朝天！29位教师，432名学生，每周半天，两个月，我们的操场焕然一新。

在做好这些工作的同时，带班、教学当然是不能耽误的。有一个班级，学生调皮，纪律涣散，违纪现象时有发生，班主任、科任老师用尽方法，收效甚微，为此深感头痛。我了解了这些具体情况和存在的问题后，作出了一个决定："这个班，我来带。"老师们惊讶不已，有所怀疑，但也期待。

开学军训那几天，我每天观察这个班级的情况，找"差生"谈心，动员班干部参与班级日常管理。教室里、操场上，课里课外，总有我的身影。"迟到的减少了""打架斗殴的没有了""作业交了，会做了""有人做好事了""班干部会管班级了"……班级的孩子开始有了新的表现，科任老师们啧啧称奇。一个月后，班风班貌果然大有长进，同学们的自律能力和集体荣誉感也逐渐培养起来了。

"这个'少年家'（闽南话，意思是年纪小，稚嫩）校长很有魄力，看来金山中学会有大转变。"一时间，肖下村村民议论纷纷，对学校的积极转变表示赞赏和认同。

我来把守校门

金山中学的招生服务区是学校所在的肖下村和邻近的井林村。这两个村有着不可冰释的宗族矛盾，历史上两地村民有过多次械斗。

那是令人心惊胆战的"战争"。有一次，也不知什么缘由，两村的人又挟刀持械，大动干戈。第二天，井林村的学生没人来上学，一个班级缺席十几人。这怎么上课呢？当天，学校紧急组织班主任前往井林村动员，"都打起来了，哪里敢让孩子到肖下上学呀！""让孩子去上学，不就是送羊入虎口吗？生命更重要哦。"井林村村民担惊受怕、顾虑重重。

果不其然。一天下午，一大批肖下村的年轻人冲到学校门口，包围了学校，叫着喊着："抓几个井林的小子教训教训，看他们怕不怕我们肖下的。"看到这种情形，我和几个老师急忙拦住了他们，大声喊道："这里是学校，他们是学生呀，你们还有没有王法！"他们虽然没有动，但也不离开，我着急了，跑回宿舍拿来了一根木棍，气愤地说："今天谁敢冲进学校，得先过了我这一关，你们就冲着我校长来……"也许是看到我这阵势，也许是自知理亏，又也许两者都有，他们陆续离开了。当时，虽然手中拿着木棍，一脸正气凛然，我心里还是七上八下的：万一他们真的冲过来，我该怎么办？

两天过去了，井林的学生还是没来上课。"我来把守校门，"我告诉老师们，"你们去接送我们的学生。"那一天，老师们一大早就去井林村，告诉学生："跟老师回学校上学去，校长在校门口站岗呢。"经过一番动员，终于有四五个学生跟着老师回来了。放学后，老师再护送他们回到村里。十几个，二十几个……老师们每天早出晚归，护送着这些"难民学生"……

那一周时间里，除了把守校门，我还马不停蹄地找了两个村子的干部，同时将情况汇报给市、镇主管部门。在多方的协调和共同努力下，两村的械斗停止了，可井林村的学生还是不敢独自上学，我们就继续护送他们。

又过了两天，肖下村一位村民来到学校，找到我说："老师们辛苦了，是我们让你们为难了，以后不用再护送学生了。我保证肖下人不会跟井林的学生过意不去，更不会伤害他们。老师们放心吧！"我惊喜万分，握着他的双手，连声道谢："感谢！感谢！多谢你们的理解和支持。"

　　　　|　　建一所有哲学追求的学校

一场由历史矛盾引发的危及学生安全的事件终于平息了。学校恢复了往日的平静，师生们回到了正常的教学轨道上来……

在这个事件当中，我们很辛苦，当然也很值得——因为我们保护了学生，积极影响了学生；同时，我们也感动了学生家长和当地村民。

家长会开进村子

肖下村与井林村的历史矛盾难以调解，其隔阂之深，甚至连两村的孩子都不相往来。在同一所学校、同一个班级里，竟然有着"不相往来"的同学？班级工作如何开展？校风、班风如何推进和建设？在这件事情上，我是不是可以有所作为？

一段时间以来，学校的环境整治得到社会的认可，各项管理制度也深受群众的好评。在期中阶段考试中，也取得了较好的成绩。各方面的情况正在逐步好转，我想着如何通过家长会与家长们一起分享这些收获，同时密切家校联系，让更多的村民了解学校、支持教育。

鉴于两村互不往来的特殊情况，我们作出决定：在两个村的宗祠里分别召开家长会。

考虑到村民家长很多都是白天外出劳作，我们把举行家长会的时间安排在了晚上。填写好成绩报告单，印制好宣传材料，晚间 7 点多，我带着 29 位老师来到村里的宗祠。

三三两两的，家长们并没有准时出席，有的坐着，有的站着，有的靠在墙边，说着话，抽着烟，千次百态。"第一次在咱祖厝开家长会，真心悉（闽南语：真有意思）。"村民们议论纷纷。

我首先汇报了学校近期的工作情况，对家长提出重视孩子读书、支持学校办学的要求。班主任、科任教师则挨个与自己班级学生的家长交流，就学生的学习情况作深入分析并与家长交流；立足于学生的实际情况，老师们还向家长们描绘了孩子最适合的未来……于家长而言，重要的事情就是能看到自家孩子未来的希望，如此，必然会产生更多的家校共育的力量。

大家正谈得很热闹时，突然几个村民端来了一大锅热气腾腾的面线糊，热情地招呼道："老师们，辛苦了！"

请我们吃夜宵，真是让人感动。我的心里热乎乎的，被认可、被肯定的感觉瞬间传遍身上的每个细胞。学生家长、村里的民众，还是能体会到教师的不容易的。

面线吃完，我作了总结发言，除了表示由衷的感谢，主要向家长、村民们谈了学校今后的发展规划："我们一定会做好学校教育的各项工作，一年打基础，两年上台阶，三年出成绩。"最后我还说："有大家的理解和支持，金山中学一定有希望。"热烈的掌声中，我看到了大家的信心与期待。

回学校的路上，已近半夜11点，大家却毫无倦意，仍议论着这次与众不同的家长会，仿佛在手电筒微茫的灯光中，看到了学校的希望。

接下来的几天里，我们像"游击队"一样走村串户，将家长会开进每位学生的家……

走进村落，走进家长，走进人心。为了学校的发展，为了孩子的未来，我们不仅要站稳三尺讲台，还要勇敢地走下讲台，走进村落，让教育之花开遍村中的每一个角落。虽然前行的路，深一脚，浅一脚，但我们始终秉持向前发展的念头，不断地解决问题，不断地创造历史。

侨声年华

从"扫盲员"到"集资人"

金山中学是一所初中校，学生主要来自东石镇的两个村落：肖下村和井林村。这两个村落都地处偏僻，经济、文化相对落后。这对难兄难弟，如前文所说，不见真情唯有积怨，群斗族械，家常便饭，互不婚嫁，不相往来。

金山中学位置突出，醒目地坐落于肖下村和井林村中间的一座光秃秃的小山丘上，四周是郁郁葱葱的庄稼地。经过那次风声鹤唳、草木皆兵的事件，村民们慢慢地和学校走到了一起，他们说："我们不能再折腾了，不然就对不起学校的老师们。"两村的人，也慢慢地握手言和。

因为经济、文化等方面的原因，上世纪90年代初期，肖下村、井林村的成人文盲率高达70%。当时正值"两基"（基本普及九年义务教育，基本扫除青壮年文盲）验收，从晋江教育局到各中小学校，大家都忙得团团转：除了要做好本来就很繁重的本职工作，还要完成扫除当地青壮年文盲的任务。

我召集教师组建了一支文化技术辅导队。村民可以用实际行动支持学校，但要他们自己动脑动手学习，可是一件老大难的事情啊！毕竟，不识字这么多年也好好地活着。所以，有的闭门拒客，有的调头就跑，有的抵死不来。我与辅导员们只好利用晚上空余时间，手持电筒挨家挨户动员大家上夜校，一家一家地去，一户一户地劝说。

功夫不负有心人。最终，我们在两村的祠堂举行了扫盲开课仪式。那天晚上像过节一样热闹，村民们喜笑颜开，像是自家娃考上了大学一样喜庆。活动结束，村民们把一碗碗鸡蛋寿面送到老师手上。这是村民们对我们最真挚的感谢和最高的奖励。

在老师们的同心协力下，在这样一支热爱教育的团队的汗水与智慧的浇灌下，我们很好地完成了各项任务，1998 年，学校成为福建省的第二所初中达标校，2000 年，又晋升为福建省初中示范校。福建电视台曾以"甩掉薄弱校帽子"为题，对金山中学作了专题报道。

作为金山中学的校长，我的心得是：吃苦耐劳，以诚待人，铁树也会开花。

2000 年秋，我调任侨声中学校长。侨声中学是一所有着 40 多年历史的老校，但设备设施落后，教育质量很不让人满意，更严重的问题在于人心涣散，干劲松垮，教师中流传着这样一句话："我们不嫌弃学校待遇低，学校也不嫌弃我们工作懒。"

"贫穷会限制想象"，在一定意义上确实有其道理。举目望去，校园仿若荒野。作为本地人，我当然知道，校园所在地曾经是郑成功收复台湾时的一个扎营地，也曾经是荒塚遍地的"万人坑"。很难想象，这么荒僻不堪的地方，是全国著名"伞都"的一所完中；也很难想象，这样的学校，会有美好的前景。

百年大计，教育为本。国家如此，村镇亦如此。这里应该建一所高起点高规格的学校。当务之急是改造校园环境，完善、提升办学条件。学校请天津规划院设计了扩大版图的新校园，大大小小的费用一算，从蓝图绘制到奠基动土，需投入 8000 万元。

这样一大笔巨款，从何而来？我虽然觉得自己有点异想天开，但心里也有一根弦：晋江热心教育的华侨很多，从侨声中学走出去的关心母校的校友也很多，只要认真发动，用心牵线，一定有人响应。

我开始了马不停蹄的募集资金之路。那年正月初一，听闻上海展志集团董事长、侨声中学校友陈诗照先生回乡探亲，一大早，我便带上妻子登门拜访。素闻陈诗照先生为人热忱，极重乡情，也极其干脆，果然，"兴办教育，匹夫有责"，他掷地有声，当场认捐200万元。那一天，我和妻子"乘胜追击"，一连拜访了三家校友，一共募集了350万。

回家路上，我和妻子相视无言。虽然几位校友慷慨支持，但那是8000万啊！路漫漫其修远兮！况且，还有更棘手的事情要做呢：校园要扩建，得迁移一万多个坟墓，它所牵涉的事情，就更复杂了。

我已经记不清，接下来拜访了多少校友、多少镇民，说的话估计倒进黄河可以自成川流了。

精诚所至，金石为开。我们的功夫没有白费，我们的苦心得到了甜蜜的回报。"兴办教育，培养人才"，这样的理念，得到了越来越多人的认同，8000万资金全部到位，迁坟的工作也逐步推进。

新校园建设，如期开始。推土机从大片大片迁过坟墓的空地上轰鸣而过，侨声中学翻开了新的篇章。

座座高楼平地起，老校旧貌换新颜。簇新的教学楼，敞亮的学生公寓，色彩鲜明的操场……每一处肌理都焕发着青春的生气。

侨声的变身，远远不止于外在形象的提升，更在于教育理念和教学质量的提升。而这些变化的背后，是强有力的"基金"支持。我们先后建立了八个基金会，助教助学助发展。

双翼大展，翱翔在天。《中国教育报》为侨声中学作了长篇报道《一所滨海农村中学快速崛起的奥秘》，其中写道："侨声虽是五秩老校，却是从里到外全新着装。看得出，这是经历一场壮怀激烈的'涅槃'新生，才变得如此流光溢彩，生机勃勃。"从原来的省三级达标学校，侨声中学一跃成为省一级达标中学。

不管是在金山中学时参加扫盲工作，还是任职侨声中学后走访校友乡人募集办学资金，就我个人的成长来说，是理想的不断启航，也是眼界的不断拓展。从这些朴实的村民、镇民身上，从这些热心办学的校友身上，我看到了晋江教育的希望和新时代的美好。

遇见叶双马

人活一世，人来人往，能彼此留下痕迹的并不多。对学生来说，每个教师都是负笈生涯的一处驿站，这驿站的风景若能对他的人生产生影响，甚至打上深深的烙印，他一定会历历在目，绝不至于被时光洗去擦去。对教师来说，亦是如此。

有一年，我随侨声中学访问团到马尼拉，旅菲晋江同乡会接待了我们。我们与校友们欢聚一堂，彼此问好，相互寒暄，其乐融融。

突然间，一位校友出现在我面前，灿烂的笑容，说话还带着喘气，他说今天专程从很远的一个岛屿赶来，就是为了见我一面。似曾相识的面容，有点耳熟的声音，我的记忆引擎在快速地搜索着。

"陈老师，还记得我吗？"哈，就是那个地瓜腔啊，我记忆的闸门一下打开了："记得，记得，你是叶——双——马！"

"哈哈哈，英语考8分，还不够买一根冰棒……"他开怀大笑。我也笑了："我是你们班的'新产品'啊……"我们的手一下子紧握在一起，视线穿越了悠远的时空，回到了那久远的课堂。

那时我尚年轻，他还稚嫩。"那是在'厕所班'，你第一天来上课……"思绪回溯到1989年8月的某一天，我刚从师院历史系毕业，被分配到侨声中学任教。学校缺英语教师，就让我去顶替带班。上文说过，第一天上课，我满怀着憧憬踏进教室，迎接我的不是想象中齐刷刷的"老师好"，而是乱哄哄的怪叫："哇，我们班又换'新产品'了……"我记得那节课整个儿都是菜市场的节奏，终于在闹哄哄中等来了下课铃响。

我这个"新产品"的名称是有来历的。这个班级，学习差，纪律差，位置靠厕所，所以被别的班级称为"厕所班"，教师换了一茬又一茬，我刚来，自然就成了学生眼中的又一个"新产品"。

看着这些稚气未脱的孩子，花儿一样的年龄，脸上是自暴自弃的神色，我更多的是心痛。

就是这位叶双马同学，第一次考试才得了8分，我说了句气话："8分，买不起一根冰棒！"

不过我没有气馁，想了很多办法，引导，鼓励，促进，帮助同学们培

| 建一所有哲学追求的学校

养学习兴趣，掌握学习方法，一步一步提高学习成绩。

到了中考时，这个班的英语成绩达到晋江市的平均水平，而叶双马同学不再"买不起冰棒"，他考了 72 分。

毕业后，我再也没有见过他，只是听说过，他到菲律宾创业，后来成了一位发展得非常好的商人。

时隔多年，我们相逢在这异乡，自然格外亲切、格外感动。我曾经是他的老师，他也曾经是我的教书生涯的导师。像他这样的许许多多的孩子教会了我一个道理：教育是师生的相互成就。

从"述而不作"走出来

教育界盛行这样一句话：三流学校看高考，二流学校看课程，一流学校看文化。一所学校的办学水平，除了体现在学生的学业成绩上，还反映在它的课程设计与实施当中，更凝聚于其文化理想、文化创造和文化设计里面。在这个意义上，我认为，一所高质量的学校，应该是一个有故事的学校。

都说感性的人喜欢讲故事。也许，作为学校领导，不应该过于感性，但是，理论是灰色的。生命之树常青，教育首先是生命的教育，生命的历程是故事的历程。在这个历程中，生命的感性与故事的感性相互点燃、相互召唤。

没有故事承载的文化容易成为空洞的说教，没有故事的人生难免会显得苍白。一所富有文化内涵的学校，其背后一定有一个个鲜活的教育故事。

2004 年年初，"侨声讲坛：每周一讲"活动正式启动。我想让老师们说出自己的故事，给老师们一个畅所欲言的平台。

一开始，大家觉得有些幼稚：校长要我们讲故事？在全校同事面前分享自己的人生？走上讲坛，讲述自己的故事，真是既胆怯又兴奋，胆怯是因为担心被人说矫情，兴奋是因为自己有了发声的机会。老师们就这样一个个忐忑又激动地登上了"侨声讲坛"。

快乐的故事，悲伤的故事，感人的故事，这样的"述而不作"当然很有意义，但是，除了说出来，还可以写下来。2005 年的一次会议，我告诉老师们，暑假的时候可以写写自己的教育故事。为了表示激励，我提出下学期初进行故事写作比赛。那些习惯了"述而不作"的老师有了情绪："课堂改革都还没改好，这都改到课外了。"我没有着急，利用合适的机会，找老师谈话，主要强调了一个观点：写自己的教育故事，是一种很好的反思和研究的路径。慢慢地，大家表示认可和理解，可还是有老师手一摊："不会写呀！"我打趣道："大家先别急，也许当学生们假期回来探望你们时，就有写作灵感了！"

暑假放假前，教师例会上，每位老师都收到了学校赠送的《情感教育》（居斯塔夫·福楼拜）和《给教师的一百条新建议》（郑杰）两本书。久违的非教材教辅的书香，让他们诧异了——成天和课本打交道的教师，假期也是要认认真真地读书的。

暑假过后，侨声中学首届"我的教育故事"写作比赛如期举行。2005年10月18日校庆那天，获奖教师从学校领导手中接过了奖状和奖品。那一刻，台上台下掌声不息。

故事还在延续，故事还在讲述。教育故事之花，开遍校园的每一个角落。

"特长"与"特色"之辩

朝阳冉冉升起的早晨，我喜欢在操场上巡视。每每望着那些勃发的青春生命，庄严感、使命感总是油然而生。他们穿着一样的校服，成长中的身体惊人地相似。远远地望去，成百上千个学生，我能辨认出几个呢？他们中的每一个，都是朝阳，都是父母心中的太阳，是这大地上独有的一个生命个体。

哲学家说：世界上有成千上万片树叶，每一片树叶都是不同的。冯友兰谈人生四境界：第一境界是生理欲望的满足，第二境界是自我价值的认定，第三境界是道德境界，第四境界是天地境界。第二重境界是人在成长过程中的第一层次的需要，包含了自己的独特性被别人认可。

我们的学校教育正是要让每个孩子实现自我价值的认定。2003年，侨声中学在新初一年段首次设置了"特色班"。

是的，是"特色班"而不是"特长班"。许多孩子上小学时都上过特长班。对于这个班的命名，几位校务委员争得面红耳赤。有人认为应该叫特长班，因为音乐、美术都是该班学生所擅长的，他们所擅长的就是他们的特长。然而，我和其他几位委员认为：以"特长"命名不妥，宜称为特色，但理由单薄，难以服众。"特长"还是"特色"？我们暂时搁下了班级命名的事情。

我认为，特色是一个人的名片，也是一个人自我价值实现的基础。为了让同事们明白这个道理，理解这个观点，也为了让自己的教育理念更为清晰、准确，我在书堆里浸泡了几天，阅读了《教育和美好的生活》《斯宾塞的快乐教育》《教育新理念》等国内外教育著作，收获丰厚。我开始反思自己的教育之梦，努力为自己的教育理想正名。

又经过几天的思索，我为老师们作了一个讲座，主题为"特长与特色"。我开宗明义，首先说明，"若有不同的意见，可以辩论"，然后诚恳地阐发了自己的看法："特长（特长班）强调的是班级学生在同一个班级里选择了相同的事情去做，而特色（特色班）始于共同，即在共同成长的过程中，学生发展、创造出了属于自己的彰显自我价值的方式和标志。"通过这样的比较、鉴别，不少老师陷入思考，有的频频点头。我信心大增，继续阐述："设立特色班，其意义正在于尊重这些学生的生命风格，使其得到充分发展，而不是在某个特长上的单一发展。我们可以视之为一种教育教学的新探索。"这下子，掌声响起来了，几位原先对"特色班"这一名称持有异议的校务委员纷纷说："校长，是特色班，没错。"

统一认识，并非为了树立校长权威，而是为了明确目标，坚定信念，心往一处想，劲往一处使。

在大家的共同努力下，特色班办起来了，特色组建起来了，随之而来的是特色课程的开发与实施，这些都为同学们的特色发展、个性发展提供了丰富的机会和条件。

星星之火，可以燎原

父母给我取名燎原，也许寄托了他们的期望，希望我长大之后能像

"星星之火"，以微薄的个人之力，凝聚各种光和热，并回馈给他人，回报给社会，即所谓"可以燎原"。

这个世界、这个社会，需要热心肠的人，我也相信，人心都是热的。我愿意用自己的热心去温暖身边的每一个人。在侨声，每一位教职工都是学校大家庭的一员。教师过生日，学校工会送上一张生日贺卡；庆祝元旦时，我写好每张贺卡的祝福语。真情换真情，人心换人心。每逢节日，我的手机总是源源不断地收到各种祝福的语言和诚挚的问候。有一次，在给一位青年教师的元旦贺卡上，我以兄长的身份，写了几句话，鼓励他努力进取，祝愿他取得更好的教育业绩。年轻人总是感性的，他一下子就语不成句，热泪盈眶。或许，真诚才能换来理解和尊重。

在工作中，我比较严格，有时甚至是苛刻的，但并不影响我和老师们相互尊重，相互理解。这是我在侨声中学所能感受到的大温暖。创业艰难困苦多，但遇见这些真诚的人，还有什么可畏惧的呢？

因为我们有共同的教育理念：学生第一；因为我们有共同的教育目标：教书育人，立德树人。一直以来，我都喜欢和孩子们谈心交友，在食堂，在教室，孩子们见到我，总是热情地问好，有时还会告诉我他们小小的生活烦恼和学习困扰。有的孩子家境不好，可能是想到了家里的什么事，难免有愁眉不展的时候。这是我不愿意看到的，我始终认为："办好教育最重要的是对每位学生负责！"

经过多方努力，侨声中学成立了黄种乾家族教育基金、仁和助学基金等基金，目的主要就在于不让任何学生因为家境贫困而失学。我还提议建立党员辅助学困生制度，与"关协"共扶共助，启动学生团体献爱心工程，采取多渠道帮助个别经济上有困难、学习上有困难的学生，从物质上和精神上帮助他们顺利完成义务教育阶段的学习。令人欣慰的是，这些受益的学生读完大学就业后，都懂得尽己所能地回报社会。

如果说，这也是"星星之火"的效应的话，那么，它就是我所能得到的最大奖赏。

青春期的孩子有诸多心理困扰。早前，学校还未开设专门的心理辅导课程，我专程把华东师范大学的教育心理学专家请来，为学生开设专题讲座，面对面解难释疑，学生们既感到新奇又特别感动。那时，百度贴吧刚

| 建一所有哲学追求的学校

刚兴起，孩子们在网上留言倾诉，我便做他们的"知心大哥"，在网上一一回复。孩子们看到了，心里乐开了花，对学校，对学校里的老师，自然有了更多的认同感和亲近感。

我有阅读的习惯，阅读拓展了视野，拓宽了知识面，让我有着眼世界、朝向未来的思维；我还有思考的习惯——这自然也是得益于阅读——思考让我的许多想法得以从纸上照进现实，融入现实，转化为丰富的教育探索和切实的教育实践。所以我常常说，我是阅读和思考的受益者。

我经常邀请老师们加入读书人的行列："世界上唯一不变的就是变化。我们需要以阅读和思考抵挡时光的腐蚀，让自身的教育生命葳蕤生光。唯此，方能追求卓越！"我们经常一起分享读书心得，更多的时候就在学校图书馆的三楼，那里有一个雅致的地方：侨庐书吧。在这里，除了可以看书、分享阅读，还可以喝茶、聊天，放松身心，交流生活。

一个学校的教育，当然还需要艺术的熏染，需要有一定的艺术品位。对此，我有自己的理解："艺术是美的。教育中的美，是和真、善融为一体的。用艺术点燃人文之魂，学校文化就有了品位，学校教育就有了血肉。"

学校艺术教研组把乡土文化与现代艺术巧妙地结合起来，创作了许多优秀的作品，并且走出闽南，登上全国的舞台。2002 年，学校舞蹈队的原创节目《采蚵姑娘》在中央电视台艺术大厅上演，闽南特有的乡土韵味，同学们生动、到位的表达，征服了观众，也引起了专业人士的关注。当优美典雅的诗词朗诵和柔美幽婉的南音（南音，亦称"泉州南音"，一种古老的音乐艺术，系世界级非物质文化遗产）糅合在一起时，极具东方传统艺术之美的《春江花月夜》让人如痴如醉。

当然，所谓学校的艺术品位，只是一种支撑，一种支持性的力量、载体和平台。我们的追求不止于艺术品位，我们更注重的是，艺术品位对人的学习、成长的作用，对师生的人格修养提升的价值和意义。

也正因为如此，2003 年年初，通过前期调研和充分讨论，我们确立了一个研究课题：培养具有现代教养的中学生。在华东师范大学教育学系陈桂生、杜成宪、陆睿成等教授的悉心指导下，我们确立了课题的研究方向，后又在泉州师范学院侯怨水教授的全力支持下开展实证研究。

海纳百川，有容乃大。我唯愿以星星之光，点亮一盏心灯，心无旁骛地一直往前走，并且让这盏灯，照亮前行的路，照亮未来的生活。

以梦为马，不负侨声

我最尊敬的语文老师倪淼森先生曾送给我一句赠言："成功永远属于脚踏实地、执著追求的人。"我一直视之为座右铭。

侨声中学是我教育生涯的起点，它点燃了我对教育的热情。金山的六年磨砺，又让我成长为一个对教育充满憧憬和抱负的建设者。2000年初秋，那个金色的季节里，我带着美好的愿望回到了侨声。

我记得这里每一寸土地的柔软，我也记得这里一草一木的芬芳，它们伴随我度过一个又一个日与夜。万物有灵，以仁为本。我在侨声首先写下的一个字，就是"仁"。曾经窘迫和艰难的侨声，秉承了晋江人血脉中的拼搏精神，每一个爱人之仁者，都愿意成就自己，成就彼此。"仁和成功"正是侨声人的灵魂。

漫步校园，这里的一石一山，一宇一楼，都是校园的守护者和教育者。它们默默无言，却又满蕴深情。它们关注着每一个侨声人的生活起居，学习成长。这是一座现代化、园林化、生态化的新型校园。从蓝图规划到立体化的设计，都倾注了我的梦想。在这里，我冥思苦想过，辗转反侧过，奋笔疾书过，心花怒放过，都是为了一个不断发展的侨声。"六年发展规划""4321管理体制""五心""十个一"等，都凝聚着我与侨声一起走过的路，以及一路并行的磨砺、修炼。

心中有梦，到处是天堂。出现在别人眼中的我，每一天都是精神焕发，中气十足；每一天的工作日程都是满之又满。我不是不怕苦，不是不怕累，我也是一个正常人，我也会疲倦，我也有家庭琐事。

到侨声担任校长不久，父亲患重病住院，他当然希望我陪伴左右。说来惭愧，我对父亲的陪伴远远不够，我没空请假，没办法丢下百废待兴的侨声。深夜奔往医院照料父亲，父亲总是心疼我的辛苦，他理解我的工作不易，每次都强撑着说："没事，你好好上班就是了。"

我上小学的女儿回家见到我，总是一副委屈的样子，她说我从未送她上过学，每次看到别的小朋友的爸爸站在校门口等待，她就很羡慕。每次

建一所有哲学追求的学校

她都挽着我的胳膊摇着我的手说："爸爸，今天你来接我吧！"而我只能愧疚地承诺着："乖孩子，下回吧！"永远的下一回，女儿一直在等待啊！

侨声六年，我把所有的梦想都倾注其中，建设美丽校园，建设一流学校。先前其貌不扬、籍籍无名的农村中学，几年后成为省一级达标校并荣膺 50 多项市级以上荣誉。

我也是一个普通的教育工作者。我愿意坚持不懈地追求，脚踏实地地做事，我愿意扛起作为侨声人的所有责任，成就所有侨声人的梦想。

石鼓征程

谁是校园里最幸福的人

2007年，我调任晋江一中校长，开始了一段新的教育征程：从石鼓山出发。

一天晚上，我和数学竞赛辅导教练姚立宏老师交流，谈到当年数学竞赛取得重大突破，获得省一等奖，辅导团队付出的心血时，姚老师突然说道："校长，其实你是校园里最幸福的人。"我惊奇地问："为什么？"她顿了顿说："我觉得有两点：一是，每天漫步在校园里，总能听到许多师生亲切地问候'校长好'；二是，每年一千多张学生毕业证书上，都盖有校长印章，那可是一代代学子的永久记忆啊。"

每一声"校长好"，确实让我深受感动，而这"二是"，却是我未曾意识到的。谢谢姚老师提醒了我，让我深刻理解了何为一个校长的核心价值和长远意义，更激励我以身作则，引领师生的发展。

我仿佛看到了学校所在的石鼓山上，满满的勃勃生机和美好希望。

| 建一所有哲学追求的学校

卡片上的赞美文化

我们学校的学生拥有"六张卡",其中一张卡特别突出,这就是"优点卡"。这个优点卡简单明了,分为正反两面,正面主要是学生个人的基本信息,背面有三个栏目:"自我肯定""同伴眼光""老师印象",包含自我评价、同伴评价和教师评价,以认同、肯定、激励为导向。

作为教育评价的载体,"优点卡"所体现的,是我们所追求的赞美文化。

庄清海老师的故事:复仇记

1991年,我从磁灶中心小学考入晋江一中,从所谓乡下来到县城,父母把我一个人寄在租户家吃住。瘦弱、内向的我,像一条田沟里的鱼被扔到了大海里。

我被安排在最后一排座位,和一位留级生同桌。他的头发是那种板寸样,脸上透出一种因靠海而辣爆的"闽南黑",看上去一身横肉。此君荷尔蒙过剩,到处惹是生非求关注。没多久,我也没能幸免。

那天早读,语文老师刚好没来,他大概心情不太好,随便找个借口就用他锤子一般大小的拳头轰了几下我肩膀。老实说,疼是疼,但不至于忍不住,然而我还是很丢脸地哭了起来。我没有告诉别人我哭的真正原因,是没什么朋友,一个人太孤单,小时候被寄养在外婆家的那种被弃感盘踞于心,我不知道这样的孤单要持续多久。这一切让我很沮丧、很无助,甚至很害怕。

擦干了眼泪,咬了咬牙,暗暗发誓要"报仇雪恨":以后要狠狠地揍同桌一顿!晚自修回家之后——不,应该说是回到租住的房子之后,我开始练俯卧撑,一口气撑了八下,就直接投降,大口大口地喘起气来。对骨瘦如柴的我来说,这太难了:我什么时候才能够报仇成功呢?我不禁有些丧气。但事情一旦开始,就收不住。之后每一个晚上,不论是酷暑还是寒冬,我都会一个人做俯卧撑。初二的时候,我已经能够一次做一百个俯卧撑。到了初三,掰手腕,我已经全班无敌手了。然而,奇怪的是,我已经不想"报仇"了,是啊,我还报什么仇!板寸头早就成为我最要好的哥们儿之一了。

如今，我已经从一个瘦弱的文静小生，变成了一个体型像体育教师的语文老师了。想想也真是奇怪，一件小事居然能改变一个人的气质！难怪莫泊桑会感慨："人生真是古怪，真是变化无常啊。无论是害您或者救您，只消一点点小事。"

作为曾经的晋江一中的学生，庄清海老师从北京师范大学毕业后，回到了母校，成为一名语文教师。在他的故事中，他没有讲当年他的老师怎么做，也没有讲学校做了什么，但依然可以让人感受到一种积极影响人的校园氛围，那是一种不断促进人心向善，由自卑走向自强、自尊的教育力。

"我的快乐，我的烦恼"

每年，各班班主任都会在学生当中开展"我的快乐，我的烦恼"的调查，为学生的心理状态做"加减乘除"，启发、引导学生培养积极心态。我和心育室何成勇老师也加入这个行列，帮忙研究、破解问题学生的心结。

L同学的"快乐"是：半夜或清晨时的独处；"烦恼"则是：洁癖，有时让人误会，以为他嫌弃别人。

我的分析是：内心平静，善于享受孤独，不是坏事；对美的欣赏应该对象化，陷入自恋甚至自恋成癖，就不好了。

与学生个别交谈时，我们主要通过自身经历及往届学生的故事，或现身说法，或树立榜样，或联系现实，或着眼未来，以引导人生，校准方向，激发学生潜能，帮助学生自主发展。

人总是在不断地犯错、纠错中成长。让事故转化为故事，比说教更有力量。苏锦明老师每年约谈学生数以百计，他善于用故事的形式化解学生当中的事故，又创造出新的故事。

苏锦明老师有这样的故事——

踢桌子

那是 2013 年 6 月 13 日，中考前一个星期，学生进入紧张的复习。下午，学生小林来到学校，进入教室，准备上课，看到自己的桌子被碰歪了，桌上的几册书本掉在地上，便吼了一声："谁碰了我的桌子？"周围的同学被他的喊声喊愣了。见没人应答，他把桌子踢翻在地。由于正要上课，老师忙着上讲台，就把这个学生交给我来处理。

在办公室，我请他坐下，递给他一支笔、一张稿纸，说："你踢翻桌子，有你的理由。那么你的理由是什么？或者说，这之前发生了什么事情让你发这么大的火？请把你的理由或者这件事情写下来。"

学生写完后，交给了我。我说："你写的，我相信是事实，是真心话，但我还不想看，我把它装进信封里。你回去吧，告诉班主任，说是我让你回教室上课的。过两天，你再来找我。"

两天后，他如期来到我的办公室，跟他一起来的，还有他的父亲。我不知道他的父亲是怎么跟来的，或许是知道儿子做错了事，或者是班主任要他来的。反正来者皆是客。我请父子俩坐下，递给学生一支笔、一张稿纸，对他说："上一次你写了什么，我至今没有看，我不知道，但我相信你，你能说实话，能正确对待你所做的事。踢翻桌子，可以把它扶起来，'踢翻'思想，也可以把它扶起来。怎么扶呢？你谈谈自己的看法。"

写完，他交给了我，我又把它装入了信封，这样，信封里有两个"故事"。

我说："我可以看吗？"他点了点头说："可以。"我就仔细看了看，觉得他理清了整个事情的来龙去脉，也平复了自己躁动的情绪，理性地看到自己的思想起伏。

这是他的第一次记录："今天上午回家，老爸一直怪我成绩没有考好，高中怎么能上一中？骂得特别凶，简直让人受不了。往日，我返校，都是他开车送我，今天我不坐，一掉头就自己雇一辆摩托来学校了。一进教室，看到自己的桌子被碰歪了，书本掉在地上，更是一肚子火，所以就有了这样鲁莽的行为。"

这是他的第二次记录："我把桌子踢翻了,这是错误的。当时心里气的是桌子搞歪了,书本掉在地上,其实是对父亲的不满引起的,把不满的情绪迁怒在了同学身上。我恨父亲,他不关心我,只要分数。其实,想想也是,他太想让我上一中,上好的学校。只是我不理解他,每天上学,不管刮风下雨,都是他开车送我,还怪他,却不怪自己不争气。"

我提了一个要求:"你能不能在你的父亲面前,读读你写的这两个故事?"他犹豫着。我就说:"不要勉强,你什么时候有这个勇气,再读不迟。"

想不到我刚说完,他就站了起来,打开信封,取出稿纸,低着头读了起来。

我瞟了瞟他父亲——已经是热泪盈眶了。

苏锦明老师是我们学校的学术委员会主任,曾经做过副校长,有着非常丰富的学生思想工作经验。在这件事情当中,他没有简单作判断、下结论,而是根据学生存在过激的心理反应这个实际情况,将交谈和笔录相结合,让学生自己反思、自己发现、自己调适、自己改变。其中一个很关键的因素是,师生双方是彼此信任的,背后是一种向善、向上的校园文化取向。

《踢桌子》,一个改变的故事,一个信任的故事,一个人心向善的故事。

《苦笋赋》

晋江一中的接待室,有一个名为"苦笋赋"的书法屏风,由 5 个小幅作品组成,创作者是陈曦同学,她曾获得全国第三届中小学生艺术展演中学甲组二等奖。

2014 年,高三进入了紧张的高考复习阶段,文静的陈曦坐食难安。她学数学感到很吃力,考试成绩总是不及格。一天中午,我到教学楼巡查,从窗外一眼就看见了她。我走进教室,跟她交谈起来。她告诉我,期中考试,数学只考了 76 分,压力很大。

我告诉她，我以前刚上高三的时候，数学成绩经常不及格，主要是因为数学基础不大好，但自己没有放弃，努力"接近数学"，做题，练习，慢慢地，发现了数学的美，体会到数学是思维的体操，逐渐喜欢上了它，并找到了学习的方法，成绩也就逐步提高了。

我不知道陈曦是不是从我的故事中得到启发，反正，她看到了希望，也找到了力量。那一年，陈曦如愿以偿，考进了自己理想中的大学。

上大学前，她书写了一个书法屏风，送给我留作纪念。我把它摆在了学校接待室，以示珍重。

这些年来，晋江一中在"看起点、比进步、论贡献、讲故事"的评价体系之下，致力于"四特生"（综合特优生、学科特优生、技能特长生、特定层次生）的培养，让每一位学生在原有的基础上都有长足的进步，实现"三进三出"的教育目标：低进中出、中进高出、高进优出。陈曦同学的成长，即是这项工作的一个缩影。

2015年，高三年级省质检，晋江市统一改卷，我校取得优异成绩，特别是高分段学生形成集群优势。以至于有人怀疑是不是分数统计出现了错误。高考成绩出来后，晋江市文、理科的第一名都是我们学校的学生，文、理前十名，我们各占了6人。

石鼓山故事

2012年12月，晋江一中举行建校60周年系列庆典。活动以"石鼓山故事"为主题开展，同时发布丛书"石鼓山故事"。

庆典大会上，校董会王冬星董事长、校友总会赖世贤会长及部分学生代表，都讲述了"我和我的一中故事"。

我当然也讲故事。在8分钟长的"校长致辞"中，我一口气讲了23个小故事，其中包括退休老校长、校友校董、各级领导等不同主体的点滴故事，四千人齐聚的会场，鸦雀无声。我感觉得到，大家都沉浸在"故事教育学"的氛围里，感觉得到，与会的广大校友、校董都被深深打动。安踏集团董事局主席兼CEO丁世忠先生评价说："石鼓山的故事，真了不起！"对于母校的未来，对于晋江一中的发展，激发出了广大校友、校董更多的信心。

几年后的 2016 年，6 月 7 日上午，我站在学校广场，看着学子们信心十足地走向高考考场。突然，匆匆的人群中，我看到一个特别的"身影"，原来是吴乔泽同学，他正背着黄天祥同学走向考场。此时此刻——高考的特殊时刻，我的内心一阵阵激动，泪水禁不住盈满了眼眶。我找到年段长跟他说，毕业典礼上，我要送给他们每人一本书。我说的"他们"，有 11 个人，其中是吴乔泽等 10 名同学，另一位是黄天祥同学。

黄天祥同学从小小腿肌肉萎缩，行走不便，他的求学之路比同龄人要曲折得多。三年前，他考进晋江一中高中部，吴乔泽等 10 名同学自发形成一个帮扶小组，每天背着天祥上下教学楼。这一背，就是三年。1000 多个日日夜夜，"帮扶小组"既分工又协作，守在不同的楼层，接力，再接力。就这样，他们 11 个人一级一级往上走，一层一层地往上登。放学了，上楼变成了下楼，但不变的是那些人、那些动作。

6 月 24 日，高三年级毕业典礼按时举行。典礼上，有一个特别节目：一位男生背着另一位男生，后面跟着 9 个男生，一起走上舞台。台下 700 多位师生，报以雷鸣般的掌声，把典礼推向了高潮。

我还了解到，高考期间的护送任务，原本已经安排给与黄天祥相邻考场的同学承担，但吴乔泽担心黄天祥和这些同学都不习惯，就独自揽下了这个任务：先送天祥到达在 2 楼的考室，再急匆匆赶到自己在 5 楼的考室。

那一年高考揭榜，黄天祥考了 496 分（理科），超过本一线 31 分。

8 月 2 日，《晋江经济报》以"这条上学路，'非常 10+1'"为题，发表了一组文章，报道这个事迹。我在我的署名文章的结尾说："没有家长的请求，没有老师的安排，一切源于对同学的爱。这是学校德育开出的一朵真善美的花，散发着仁爱的芬芳。"

种种生动感人的故事，促成了"故事文创室"和"文化故事展馆"的设立。在晋江一中，人人写故事、人人讲故事、人人传播故事的氛围日益浓厚。学校定期收集、整理，日积月累，精选分类，并安排不同的场合讲述，还汇编成系列丛书。

我们希望，这些故事代代相传，不断地丰富学校文化，逐步形成石鼓山文化。

附：教师的故事

校长的"茶道"
龚馨雅

剑有剑道，茶有茶道。传闻陈燎原校长的泡茶功夫甚是了得，见识过校长的茶道的老师委实不在少数。

大致校长请茶时间有规律：新学年伊始，大考前后。或鼓舞人心，或总结经验教训。不过据前辈们所言，这——并非是件荣幸的事情，还得小心为妙。

有幸喝过校长的两次茶。

第一次，踏进一中的校门不久，校长办公室电话邀请我与另一同事茶聊，记得当时大惊，当即的反应是，最近有无出格的行为或犯大错误。反思一下，貌似近来并无"大事记"，所以有点丈二和尚摸不着头脑。一旁的同僚安抚我，说道："领导经常找人喝茶谈心的啊，不要紧。"

我与同事"趸进"了明亮的校长室，校长的第一句话便是："请坐。"座位前，整整齐齐的茶具，热气腾腾的茶水，果真是名副其实的泡茶。

见惯了校长的不怒而威的形象，此时的笑容可掬有些不适应。还好，校长并没有长篇大论地说教，而是询问了我们两位新班主任的工作感受和工作状况，真真闲聊而已。

低头饮啜着碧绿的清茶，茶水清澈，心情渐渐平静。放松的状态使单向聆听式的谈话渐渐趋于双向交流，我等此类普通教员并无与"上位者"交流的技巧，基本是实话实说。

不过能得此机会蒙校长的垂青，也实属难得。校长的亲善言行倒是令我吃惊不小，尤其提及家中小儿谁人看管，虽不至于感激涕下，倒也是有些感激不已。毕竟是种种事务千头万绪的一校之长，况且是素有"工作狂"之称的陈校长。

一个钟头的茶聊轻轻松松宣告结束，肚子里灌满不少茶水，校长的茶确实是好茶。

第二次被请茶的时间是新学期初，据说这次大批量的同仁都被请进校长室喝茶。

身边的人陆续接到电话，我一直忐忑不安，只因上学期的绩效不是很好，心虚了好几分。向喝过茶的同仁打听校长的谈话内容，摆了些什么龙门阵。大家都心照不宣，言辞一致齐声道："去了就知道了。"

待我接到通知，上完课便直奔校长室。

这学期校长办公室已搬到新楼，想必，茶也是新茶。

敲开门，校长仍然是很客套地请坐，然后说："五分钟，我这次谈话每人五分钟时间。"

校长的发言，起势很鼓舞人心，因为一开始就大谈优点，待我渐入佳境之时，他话锋一转，我已是如履薄冰——校长对属下工作的不足之处罗列有序。

谈话未完，我紧攥着有些凉意的茶杯，背上已是汗涔涔一片。

此时几乎要怀疑校长给属下装上了监控，即便有些话语失于偏颇，但还是不得不承认校长的洞察力。

谈话在握手言欢之中结束。这重重的一握，其实是校长的行为语言，以示鼓励之意。

五分钟的功夫茶，时间短暂，但酸甜苦辣种种滋味都袭上心头，需要细细领会，日后还得慢慢回味。

国内茶叶研究专家曾经以四个字总结中国茶道：理、敬、清、融。这四字精要，内涵大有深意。

理——理者，品茶论理，理智和气之意。两人对饮，以茶引言，促进相互理解，气氛和谐。敬——敬者，客来敬茶，以茶示礼之意，主客皆欢。清——清者，廉洁清白，清心健身之意。融——融者，祥和融洽、和睦友谊之意。以茶代酒，是古代清官的廉政之举。况且品茶于身心皆有裨益。一举两得，何乐而不为也？

清茶一杯，二人相向而谈，言笑晏晏，气氛融融，有水乳交融之感。向来茶道为国人所推崇，不仅其中蕴含着为人处世之道，更涵盖了治国理政之术的精妙所在。

于茶汽氤氲、口齿留香之际，促膝而谈，互动交流，胸中再有沟壑皆可填平。于谈笑风生、众志成城之间，一切运筹帷幄、杀伐决断皆有结果。

此番道来，想必陈校长的茶道炉火纯青之时，便是我一中艳冠群芳、名扬海西之刻。吾等同仁对此深信不疑。

八个笔筒

许春燕

2011年6月的一天，图书馆曾老师像往常一样到各处室分发报纸杂志，这次，她手上多了一个厚厚的包裹，严严实实的，收件人是陈燎原校长。

包裹寄自清华大学。陈校长收到后，随即通知陈霞老师，请高三年段几位学习成绩优秀的学生到接待室集合。下午六点许，学生陆续到场，陈校长和黄副校长早已站在门口等候他们的到来，来一个就握下手，既表示欢迎，又似乎在暗示什么。我站在校长的后面，手里拿着签名簿让学生一个个签到。

接待室里，陈校长与同学们愉快地交流着，从学习到生活，从班级到学校，从学校到家庭。

一会儿，陈校长请同学们站起来排成一列，他拿着签名簿，一个个地对着名字看看学生的脸，似乎要把他们定格在脑海里，又像要从他们的脸上发现什么秘密。

突然，他在一个女同学面前停了下来，笑着说："哦，怎么还这么瘦啊！"然后扫视了大家一眼，提高了嗓门："大家要注意健康，身体是革命的本钱！"话音未落，便引来一阵欢笑。

接着，校长从包裹中拿出八个红木笔筒，只见上面镌刻着"清华大学"四个字，原来是清华大学百年校庆的纪念品。他和黄副校长一起，把这些笔筒作为礼物，分送给同学们。他们接过礼品，高兴地端详个不停。

陈校长笑问："知道这是什么意思吗？"他指着同学们手中的礼品，大家齐声说："知道！"

"2011年，我们学校的高考成绩不错，我相信你们一定会更出色。"

学生走后，校长叮嘱我说："保管好这份签名簿。记住，既要关注同学们的学习，还要关心他们的健康。"

拿着这份具有特别意义的签名簿，我忽然发现有个名字有点熟悉，我努力地回忆着，噢，原来是他——小肖，家庭经济条件不是太好，是晋江市委领导的助学对象，陈校长很关注他。有一次我回乡，同乡人告诉说，陈校长每年都到小肖的家里探访。

我想，在今天这个特殊的座谈会上，陈校长看到小肖，心里肯定是特别高兴的。

来自清华大学的八个笔筒，寄托着学长的祝福，也寓存了学校的期待。或许，这些收到礼物的同学，他们在想着，明年的这一天，应该给学弟学妹们带来什么……

"志谦，都安顿好了吗？"

陈志谦

2010年4月23日，我只身一人到石狮市凤里中学参加在那里举办的泉州市中学数学青年教师说课比赛。曾经，2006年到惠安荷山中学，2008年到平山中学，我早已习惯一个人外出参加比赛。那天上午，我向学校请了三天的假，便立即出发。待到下榻的宾馆，老天爷不作美，下起了瓢泼大雨。我推开窗户，只见街上一片"伞花"。

晚饭后到会场安装课件，回到宾馆已是夜里九点。此时，雨越来越大。我想着应该早点休息，养好精神，明天从容上阵。突然，手机响了，"05958568★★★★"，很熟悉的座机号码。

"喂，您好！"

"志谦，都安顿好了吗？"

我愣了半天，才听出是陈燎原校长的声音，来不及多想，我便回了话："已经安装好了课件，一切都准备就绪。"

　　　　　建一所有哲学追求的学校

"好好休息，志谦，要自信！"

"好！"

此时的我，透过窗外街灯闪烁下的淅淅沥沥的雨帘，脑海里浮现起白天到陈校长办公室办理请假手续的一幕。

陈校长拿着请假单，说："志谦，你自己先泡茶。"

"哦，不用了！"

等待签字的时候，我发现陈校长的办公桌上放着一盒快餐，那是他的午餐。看来他中午要加班了。

就在这时，办公室黄安妮老师拿来了一份报表，说是急件，马上需要批复。一校之长，实在是太忙了。

当我向陈校长辞别时，他站了起来，叮嘱说："要有信心，相信自己行。"

平常、简单的话语，却充满激励的力量，给了我满满的感动。

感动是什么？尽管一千个人有一千种答案，但无论什么答案，感动不是用嘴说出来的，而是用心品出来的。感动如沁人心脾的甘泉，畅饮这样的甘泉，我们的心会变得澄澈；感动如熏人欲醉的海风，感受这样的海风，我们的心会变得宽敞。

第五辑
我的课程实践

课程（一） 石鼓景园

课程目标：

1. 从"学生第一"的办学理念出发，培育学生爱国、爱乡、爱校的情感；

2. 从建设书香校园和绿色校园出发，更好地实施综合实践课程；

3. 从丰富学校文化生活出发，探索有效的美育方法，培养健康的审美情趣。

课程理念：

全员参与，形式多样，校本建构。

"石鼓景园"文化作品征集活动方案

诗文征稿启事

先有石鼓山，后有"一中"园；师生传轶事，校史历变迁。

60多年来，晋江一中经历由"自然石鼓"到"人文石鼓"的嬗变，自然与人文，交融而成"石鼓景园"。更重要的是，这石鼓景园的内涵，被一代代一中人不断丰富、提升。因为新的联结，新的故事在不断发生。

处处有风景，故事满校园。希望广大师生聚焦校园景观及其人文底蕴，以"求新求变求道法，乐学乐思乐收获"的人文情怀，以自己擅长的写作方式，表达自己的理解与感怀，用文字定格情思，用故事镌刻传奇。我们也欢迎广大家长踊跃参与，积极投稿。

1. 征稿主题：

石鼓景园（含"三大校门"，即北大门、南开门、清华门；"六亭"，即吟风亭、听雨亭、问天亭、邀月亭、摘星亭、映梅亭；"十景"，即鼓阗环宇、鼓台飞歌、鼓园躬读、鼓声和鸣、鼓楼晋贤、鼓榕迎春、鼓师烛影、鼓根盘龙、鼓浪远影、鼓韵涵晖）。

2. 征稿时间：

2017 年 10 月 1 日—2017 年 10 月 22 日。

3. 征稿要求：

（1）可写某一处景观，亦可写某几处甚至全部景观；

（2）诗歌、短文、文化故事均可；

（3）必须原创，文责自负；

（4）文末注明作者信息（学生作者注明姓名、年段班级，教师作者注明姓名、学科组，家长作者注明姓名、孩子姓名及其所在班级）。

4. 征稿评奖：

学校将邀请专家从来稿中评选出一、二、三等奖及优秀奖各若干篇（首），并结集出版。

欲了解"石鼓景园"的相关信息，
请关注晋江市第一中学微信公众号：

中共晋江市第一中学党支部
晋江市第一中学校长室
2017 年 9 月 29 日

| 建一所有哲学追求的学校

手绘明信片征稿启事

1. 征稿主题：

石鼓景园，即以手绘明信片的方式表现校园"三大校门""十景""六亭"等景观，或展示十六栋校园大楼之美。

2. 征稿对象：

初一、初二、高一、高二学生。

3. 征稿要求：

（1）绘画形式、制作方式不拘，尤其欢迎有创意、有较高审美品质的作品；

（2）规格、尺寸按照正常明信片标准；

（3）作品背面注明作者姓名、年段和班级。

4. 征稿时间及交稿办法：

从即日起至 2017 年 10 月 25 日（星期日），作品交给所在班级美术科代表或宣传委员，再统一上交给美术老师。

晋江市第一中学校长室
晋江市第一中学艺术教研组
2017 年 9 月 25 日

服装设计作品征稿启事

1. 征稿主题：

石鼓景园，即以校园景观为题材，通过服装设计展现校园之美，改变普适性校服的常规面貌，让服装更加文雅、美观、健康、舒适，彰显中学生求新求变的审美个性。

2. 征稿对象：

初一、初二、高一、高二学生，全体家长。

3. 征稿要求：

（1）紧扣主题，有浓厚的校园文化气息，能体现中学生的青春活力；

（2）设计形式不限，手绘或电脑绘图均可，鼓励创新，发挥个性；

（3）作品"一组四套"，即应同时设计女生夏装、冬装各1套，男生夏装、冬装各1套；

（4）作品内容包括服装设计图、设计理念说明等全套设计方案，排版以图片为主、以文字为辅，务必确保图片、文字清晰，统一为4开画纸，如是电脑绘图，应设为JPG格式、RGB颜色；

（5）参考图例（略）。

4. 征稿时间及交稿方式：

从即日起至2017年10月22日。

手绘作品，背面注明班级、座号、姓名、作品名称，由各班美术科代表或宣传委员汇总后交给美术老师。

电脑绘图作品，文件名统一为"班级+座号+姓名+作品名称"，发送到指定邮箱。

晋江市第一中学校长室

晋江市第一中学艺术教研组

2017年9月25日

摄影作品征稿启事

1. 征稿主题：

以"石鼓景园"为主题，展现校园风光和校园文化生活，反映近几年来的校园变迁和学校发展。

2. 征稿对象：

全校师生，全体家长。

3. 征稿要求：

（1）原创首发，主题鲜明，积极向上，画面清晰，富有艺术美感。

（2）接受数码摄影（采用JPG文件格式），作品数量不限，单幅、组照均可（组照不超过6幅）。像素不小于4M。

（3）可作亮度、对比度、饱和度的适度调整，但不得作合成、添加、改变色调等技术处理。

（4）注明作品名称及作者姓名、班级。

4.征稿时间及交稿方式：

从即日起至 2017 年 10 月 22 日。

作品以"班级＋座号＋姓名＋作品名称"为文件名，发至指定邮箱。

联系人：刘老师。

联系电话：（略）。

晋江市第一中学校长室

晋江市第一中学艺术教研组

2017 年 9 月 25 日

"石鼓景园"诗文集序跋

同学们不再迷路了

——初中版序

同学们刚刚来到石鼓山时，都是从迷路开始的。一方面是因为同学们原来就读的小学，往往布局相对小巧；另一方面则是因为当初的学校景观都尚未命名。

对同学们来说，那时的石鼓山，就像马尔克斯在《百年孤独》中所说的："这块天地如此之新，许多东西尚未命名，提起它们时还须用手指指点点。"

如今，各处校园景观都有了自己的名字，同学们也慢慢地有了自己的校园故事与情感寄托。两者产生交集，便化为不同气味、不同色调的文字，因此就有了这套以"石鼓景园"为主题的初中版诗文集。

这群小小的诗人、散文家，以诗歌畅怀言志，以散文抒情写趣，定格"吟风""听雨""问天""邀月""摘星""映梅"六亭，去探访"鼓阗环宇""鼓台飞歌""鼓园躬读""鼓声和鸣""鼓楼晋贤""鼓榕迎春""鼓师烛影""鼓根盘龙""鼓浪远影""鼓韵涵晖"十景……

在这个构思、写作的过程中,同学们展现出对环境之美的敏感,对景观名称的理性思考,对自身成长经历的省察。从另一个维度说,这是一种主题为"成长之美"的个性表达与自我教育。

渐渐地,同学们不再迷路了。

当然,征文的意义不止于此。这些关于石鼓景园的文字,蕴含着同学们成长的点点滴滴,丰富了每个校园景观的内涵,使之更鲜活、更生动、更厚重。我相信,随着时光流转,同学们的文字与同学们笔下的景观,将交融、合成晋江一中这所未来的百年名校独特的学校文化的一部分!

是为序。

让学习有美,让成长有善
——高中版序

先有石鼓山,后有"一中"园;师生传轶事,校史历变迁。

经过几轮的重修新建,今天的晋江一中,这个我们共同的家园,在器物文化层面已经呈现出新的特点和气质,逐渐从"自然石鼓"走向"人文石鼓",自然与人文相互交融,新的联系不断建立,新的故事不断发生,新的文化不断生长。学校文化富含哲学内涵,学习环境颇具美学意蕴。

这次,为进一步落实"学生第一"的办学理念,进一步落实书香校园、绿色校园的建设,学校面向广大师生和全体家长,发起诗文征集活动,得到大家的热烈响应。这套以"石鼓景园"为主题的高中版诗文集,正是高中部的同学们文学才情和成长经历的结晶。

相比初中版,我们发现,这些文字确实更有深度,也更有情感的张力,既是对校园景观的叙写,更是高中生的青春思绪的展开。比如,在许多同学眼里,学校"北大门"是一座需要通过艰苦努力,才能够昂首走出的成长之门;比如,在一些同学笔下,"映梅亭"见证了自己直升高中的欣慰与自豪,也见证了好友惜别的无奈与忧伤;再比如,蔡竞昕同学于"邀月亭"边,"邀你/十丈红尘/人事清欢",那是多么自由而大胆的遐想……这一切都证明了,因了年轻的生命,石鼓景园更为宽广、更为丰富、更为立

建一所有哲学追求的学校

体——同学们以自身的经历、以美丽的青春，参与了学校文化的建设。

于是，我们发现，石鼓景园不仅仅是世人所见的物质景观，更是附着了人文魂魄的精神景观！从这个意义上讲，石鼓景园的命名与叙写，不但使学校的办学理想有了活生生的物质载体，同时也彰显了学校个性、学校品格，提高了学校的文化辨识度、审美辨识度。它们将成为新的文化基因，植入并参与到每一个一中人的精神成长当中，使学校更具现代化气息和示范性品位。

"我劝天公重抖擞，不拘一格降人才。"说到底，校园环境建设是为学生的发展服务，是为国家培养人才服务的。希望美丽的石鼓景园走出更多、更优秀的人才，希望更多的学子用心用情书写更多的石鼓诗篇，去丰富、壮阔我们共有的精神景观！

让学习有美，让成长有善。

是为序。

年轻的雕像
——初中版、高中版跋

作为"石鼓景园"系列活动的成果之一，"石鼓景园"诗文集能够以如此具有艺术气息的面目展现在大家面前，令人备感振奋！

首先，要感谢全体同学的认真。你们认真地去观看、去倾听、去触摸、去感受、去思考、去回忆、去展望，并以真诚的文字把你们与校园之美的紧密联系镌刻成一座座年轻的雕像。

其次，要感谢全体语文老师的用心。你们在尊重同学们的真诚表达的前提下，用心修改，去粗存精，有不辞辛劳的奉献，更有引导成长的包容与智慧。

再次，要感谢美术老师的精心。你们的创意、设计，富有一中特色，更彰显了石鼓山人的审美品位。

作为你们当中的一员，掩卷之后，不免深思。

校园，是学生学习、生活的有形环境，也是一种无言的教育资源。校园环境如何，会影响学生的身心。所以，学校依据校园的地势、建筑、草木、历史渊源等方面的特点，重塑校园景观，命名了校园山水。

景观的命名，是一个文化工程，深含自成系统的价值内涵。有的同学可能还无法深刻地领会其中的深意，但他们的文字同样真实地反映出一定的认知水平、审美品位和语言趣味。这一方面体现出校园景观的教育功能，另一方面又丰富了校园景观的精神元素。两个方面相互彰显，又相互融合，形成独具特色的石鼓景观文化。

希望这样的活动能够持续下去，让文字记录下石鼓学子的精神成长的历程，让石鼓山的景观展现出自然与人文和谐共生的教育之美！

"石鼓景园"手绘明信片画集前言

我们的明信片

"好的文艺作品就应该像蓝天上的阳光、春季里的清风一样，能够启迪思想、温润心灵、陶冶人生，能够扫除颓废萎靡之风。"这是习近平总书记对全国文艺工作者提出的美好期望。在学校美育工作上，它是一个非常重要的指引。

2017 年秋季，学校美术组以"三求三乐"为指导思想，坚持"工作有重点，教学有成果"的美育工作理念，以"'石鼓景园'手绘明信片教学、创作、评选、展示系列活动"为本学期的重点美育项目。

全组老师凝心聚力、集思广益，在各年级的美术教材中寻找契合点，将校园"十景""六亭"融入到国家美术课程之中，拓展校本化课程。

在这一系列活动当中，老师们创新思路，启发学生的审美感知和设计思维，引导学生树立健康的审美态度，学会以独特的视角定格校园之美，用手中的画笔创作有温度、有情怀的校园明信片。

经过一阶段的努力，同学们共创作了 3000 多幅手绘明信片作品。学校从中精选 24 幅作品做成明信片。作为文化纪念品，这些明信片得到了国内外来宾的一致好评。最后，还评选出一、二、三等奖共 200 幅作品，在校园中展示并汇编成此册。

这一系列活动，实现了引导学生关注生活之美、抒发爱校情怀、展现艺术创造力的美育目标；落实了2015年国务院发布的《关于全面加强和改进学校美育工作的意见》提出的具体要求，即"学校美育课程建设要以艺术课程为主体，各学科相互渗透融合，重视美育基础知识学习，增强课程综合性，加强实践活动环节"。

人人参与，人人受益；启迪思想、温润心灵。我们相信，良好的学校美育效果可以概括为：美即人生，人生即美。

附：学生作品举隅

邀　月

2017 级初一　洪鸿瑜

夜幕又垂下。人间好像被一块巨大的、乌黑的丝绸包裹了起来，只露出一小角，那是一轮银白色的皓月。

我深深地吸了口气。月光如蜜汁，渗透到我心里。

我坐在"邀月亭"的廊椅上，仿若，与婵娟期今夕，月有信，婆娑疏廊亭。

站起身来，看着月影婆娑。夜风拨弄着满树的叶，好似母亲在笑。四下又无声，真是个清静的地儿。风又拂过，一个银铃般的声音响起："你做我闺蜜，可好……"

我是一个"小初一"。难免愁绪剪不断，忧惧绕指间。

"我有时很不安，真的。"

"有任何心情，全可以跟我吐诉，但不许带着悲哀混日子哦！"

我嫣然一笑："有你真好。"

月儿呼唤着，朝向明亮那方。

枝间有真言，依稀往昔月下声……

（指导老师　王明玉）

摘星之境

2016 级初二　王郑烁

儿时摘星，是妄；少年摘星，是梦；而今摘星，是思。摘星之境，旷远浩渺。

——题记

建一所有哲学追求的学校

夜，我独自一人漫步在校园里，白日的余温似尽未尽，晚风吹来，有些凉。不受控制的双脚拖动着整个躯体，走向一条似乎陌生却又熟悉的小道，道旁树木葳蕤。远处，一条长亭在夜色中若隐若现。走近前去，"摘星"二字映入眼帘，顿时，思绪缥缈……

　　儿童时代是充满天真与幻想的。记得初识月亮，还是在李白《古朗月行》中的"月"字里。我常常独坐窗前，渴望摘星触月，幻想着月亮之上的神话，渴盼飞抵"迢迢牵牛星，皎皎河汉女"，感受天阶夜色的凉如水……

　　当时，"摘星亭"还是无名之亭，长长的亭廊间稀稀有几片落叶，亭身金黄。曾经坐于亭间，在夜空中搜寻星辰，也在心中埋下一颗星的种子。

　　后来，亭子有了名字，我也长成了少年。少年时代，是充满激情与活力的。我读到曹操的《观沧海》：日月之行，若出其中。星汉灿烂，若出其里！

　　仿佛，天变成了海，海变成了天。海天一色，孕育着芸芸众生与星辰。我时常渴望从水中捞出一颗星，但那终究是徒劳的，我只能带着一身水淋淋，颓然地望着苍穹上遥不可及的星。每每这时，我总会来到这座亭，凝视只属于我的那片天，拥抱只属于我的那颗星。

　　天和地，似乎接近了许多。心与星的距离，便是天地间的距离。

　　我想起了诗仙的一句话：危楼高百尺，手可摘星辰。

　　危楼，是高妙的心境，星辰，是遥不可及之物。摘星的境界，旷远浩渺。

（指导老师　庄娇蓉）

南面有门，名曰南开
2017 届初三　丁佳炀

　　蓦然回首，才发现这里已密集地遍布了我的脚印，它们见证了我的鞋码从小渐渐至大，也见证了我从当初稚嫩无知的顽童，在校园的洗礼下蜕变成久经沙场的战士。

凯旋常常带着伤痕。要说头破血流的地方，那必定是南大门，那是我扬帆的起始点，亦是我得胜而归的终止点。

南大门并不伟岸，相比起北大门与东大门，那可真是小巫见大巫。不过，麻雀虽小，五脏俱全。南大门前没有车水马龙，也算不上是祥云环绕的风水宝地，但却是晋江一中的精神牌面。

南大门有一个响亮的称号——南开门。虽说名字底蕴上被"清华门""北大门"稳压一头，但单纯从字面上理解，背后也是响当当的名校——南开大学。细细琢磨，便可挖掘出其内部的卧虎藏龙之意。

初中三年，年复一年，进进出出南大门，重复着欢欢喜喜来上学、开开心心回家去的镜头。不知有多少雨水曾经淌在上面，有多少双期待的目光，透过这座门而望向绿林深处的教学楼。

三年的朝夕相伴，在它的心中，或者我只是这璀璨的星河中一颗星子罢了。不过，既为星子，便当努力地闪亮，共同汇聚一片灿烂的夜空。

（指导老师　吴雅蓉）

躬读·轮回
2017级高一　吴佳阳

在一中度过了初中三年，高中也有幸在一中就读。一中的生涯，算来已有四年了。四年来，校园多有整修，但教学楼间的那片景，却是一直静静地立在那里，望着石鼓山上躬读的身影。

初一刚进校时，懵懂的我们对新校园充满了好奇。对于那块刻着字的石头，便也只当一件玩物，甚至于有人爬到石头顶上，其结果自然是挨了老师一顿好骂外加一份保证书。对于那些捧书躬读的身影，我们往往视而不见。

渐渐地，开始收心，转向学习。景园里少了嬉闹的身影，教室里多了翻书的声音。不过，当有人捧着书走过景园，我们不过将其当作"努力过度"的例子罢了。无忧无虑的我们，还没有真正认识到"躬读"的真正内涵。

初二，学习压力渐渐加重，看着景园里再次出现的嬉笑声，我们只是会心一笑，而后将视线回转到书本上。我们渐渐领会了"躬读"的意味，却也并未深究。

不经意间，我们也成了曾被我们称为"努力过度"的人。"你怎么走路都还看着书啊？""没有办法，一会儿就要考试了！"这样的对话多了，渐渐又少了——无他，大家只是慢慢习惯了罢。

初三，我们搬到了"求是楼"。于是，与这片景相遇的机会，便也少了许多。记得有一次去文印室拿材料时，偶然经过这一片景园。初一的同学在景园中打闹，正似两年前的我们。"啊！""搞什么！""真是，走路还拿着书。"一个"小初一"撞倒了正捧着书的高中学长，边上的同学大笑起来。高中学长只是笑了笑，拿起书本继续边看边走。"你们还不歇歇！大吼大叫啥呀？"声音是从一楼教室里传出来的，想必是嬉闹声打扰了读书的同学。我会心一笑，仿佛回到了两年前的场景，却又觉得，去年的场景，也是相似的。

初三下学期再去时，景园安静了许多。那教室里的人换了两茬，可读书声还是如故。初三的我们，已经领悟了"躬读"二字。我笑着，回到教室翻开书。

高一，再次踏入这片景园，正如一年前、两年前、三年前，在躬读的身影中，吵闹声再次出现。会消散的吧，渐渐地，新一年的初一又会重复我们的历程，然后慢慢参悟"躬读"二字的真谛。

也许不只是一年前、两年前、三年前，这景象，应当是每一年都在轮回的吧。一届一届的学生从青涩走向成熟，由嬉闹走向躬读。而这片景园，静静地伫立着，看着这一年年的轮回，一年年的躬读。

（指导老师　庄清海）

鼓浪远影

2016级高二　丁怡萍

走进石鼓校园"北大门"，右侧有一幢高大的教师宿舍楼，楼前是一面山坡，山坡上林木成荫。阳光下，花锦似海，清风吹过，香浪起伏，沁人心脾；几只"海豚"遨游其中，灵动地展现着对花海绿波的眷恋。满眼风光，"鼓浪远影"几个字在阳光下熠熠生辉。

这一天，是新学年的开学典礼。因为班主任阴差阳错的时间通知，我迟了半个多钟头！偷偷摸摸一路小跑着，抓紧书包带环顾四周，就怕一不小心遇见个什么老师……我这迟到的学生还是夹紧尾巴快些溜了吧！最怕什么来什么，但自知躲不过，只好飞快地抬起头说了声"老师好"。有些心虚，尤其当认清了面前是我们年段新晋的段长蒋老师，更是战战兢兢。"嗯。"蒋老师并未多说，只是微微一笑。我赶忙跑进教学区，侧眼一瞥，看到了"鼓浪远影"几个字。

我满心惶然地站在浩浩的队伍后，因为懊恼着自己连椅子也没拿而紧张得绞紧了手指。怎么办？怎么办……难不成要同众位老师站在后面直到典礼结束？悄悄伸了伸脖子，也不知开学典礼进行到哪一个环节了，只能惴惴地希望没有一个老师注意到我。我是这样的惊慌失措啊，以至于当英语老师偶然间看到我时那微微疑惑的神情，我摇了摇头表示别在意我，空白的脑子根本未曾想过要求助一番。直到，直到刚刚打过招呼的蒋老师再次看到了我："你怎么站在这里？"

我羞愧得不知如何开口。所幸，蒋老师似乎明白了这一切，说道："忘带椅子了吧，我去拿一把来。"说完便向修缮室走去。

我有些震惊，心中更是因为这短短的一句话而生发惊涛骇浪，并本能地冒出了丝丝感动。我想自己真是太傻了，一直以来是个乖孩子，从未犯过像迟到这样的小错误，如今第一次遇上了，竟是像个刚升初中的孩子般稚气。心里有落差，心潮自涌动。第一次，深感身为学生的幸福与责任。

早已耳闻蒋老师为人宽厚，对待学生更是慈祥而充满关怀。彼时不过似是听听校园小故事般一笑而过，就好比日日听到的这石鼓山上的钟响。此时却觉得，师生之情意，岂是文字能畅然而谈的？想想自己面对的是这

　　　│　　建一所有哲学追求的学校

样负责任的蒋老师，一下子，那些慌乱与无措都无足轻重了。上善若水，润物无声。

相信收获这份感动的人呐，因情入理，将会更加懂得如何成长、如何自我完善，追寻生命的意义，实现人生的价值。

典礼结束后回到班级，有些巧合的是，我竟又看见"鼓浪远影"几个字，虽隔得远，但我确信是"鼓浪远影"。怎么先前都未曾注意到？鼓、浪、远、影。浪，心潮涌动；影，渐行渐远。细细琢磨着这几个字，越是觉得石鼓山上的这景那景，布置得实在是恰到好处。"事如芳草青常在，人似浮云影不留。"

远去的只是背影，关爱的恩泽将长世永存。

（指导老师　龚馨雅）

石鼓六亭

2017届高三　柯荣杰

吟 风

瑟瑟秋风，孤亭翼立，雁字回时草木泣。任凭秋露为霜，韶华正举，大鹏展翅赴青云。鱼书云天外，谁念晚钟鸣。

听 雨

方才穹隆霹雳，原是击鼓鸣金。念风云之华夏，谁主阴晴？庭阶新绿，不见蹑履，却是雨仙来过，凝眸道春信，声声耳边听。

问 天

阴阳割裂，日月更迭，白蜺婴茀，常仪知耶？怆幽州，寻广漠。坐观星灯千万盏，遥思澧水，可悼香兰否？

邀 月

庭幽凉暑翠筠疏，泛水空游，飞鱼饮露。万载长情月，人间广寒宫。

摘 星

天门开，独访南箕北斗，一探光华、幽暗。群星潜，托苍龙，"墨子号"前述我少年梦。

映 梅

西斜花影伴月魂，书声琅琅，玉露犹存。撷得三分雅意，卷中七分。

（指导老师　陈秀燕）

摘 星

2017 届高三　庄松涛

星沙初下，闻鼙鼓之声，且思将相。疏影廊亭曲折过，怀古以警今。青衿倚阑，识昌黎文集，可鉴文风。萤流花苑起高台，送我上青云。

（指导老师　庄红红）

听雨亭

2017 届高三　陈粤银

亭台楼上，
两三点雨沾几许露蕊沁素衣，
七八个人书几多文章表鸿志。
少年辞狂，
何以宣志弄文开张，

　　　建一所有哲学追求的学校

纸上谈兵沙场点将。

乐居于此，

词白言荒，堪笔论古今，

了罢歇文房，三分懂七分盲。

不知我者嘲笑我等太轻狂，

又何妨？凭栏听雨过，声声达莽苍，

整顿衣裳，再泼墨洒豪情，

时代枯荣俱凭我辈撰兴亡！

（指导老师　张江琴）

课程（二） 大楼命名

课程意义：

1.实现知识学习、精神成长的生活化、本土化；

2.丰富校园文化生活；

3.拓展写作的资源与题材。

课程进度：

1.第一阶段：如何给大楼取名的思考与讨论，楼名的解读。

2.第二阶段：不同形式的活动、体验、交流。

3.第三阶段：写作实践与评价，编辑出版《我和大楼的故事》。

延伸活动：

1.设立大楼格言墙，每周一条原创格言。

2.设立大楼投稿箱，征集师生的楼格言、楼记、楼故事等。

3.楼与楼的交流活动：（1）大楼代表建言大会；（2）大楼楼主百家论坛，主题：班风与楼风；（3）考试季大楼年段学习交流会；（4）思本楼、思源楼迎新会；（5）节假日大楼代表联欢会；（6）"我和大楼"故事会。

解读："我和大楼"

1.总主题是"我和大楼"，如果位置互换，变成"大楼和我"，一比较，两者亲疏关系大不相同。"我和大楼"，主体是"我"，"楼"被拟人化了，更具亲切感，可以使人联想到北京奥运会会歌——《我和你》。

钢筋水泥建筑因为住着人，人在里面学习、工作、生活，而且人各有个性特点，这座大楼便有了生命，有了温度，还有了精气神。大楼的名字要体现这种文化气韵。

各座大楼各有其名，就有各自的个性特点，各自的风格。十六座大楼形成学校的文化之林，是很好的教育生态环境。

家有家风，楼有楼风。铁打的营盘流水的兵，一届届学生走出母校，既带走了楼风，又丰富了楼风。一座楼就是一座教育丰碑。

十六座大楼有一座高标，这就是教师楼——致远楼。老师们引路导航，这座教师楼就是学生精神的灯塔。

2."我和大楼"是一个母题，十六座大楼十六个名字，就是十六个子题，每个子题又可派生出若干孙题。一个母题化为五千师生工作、学习、生活的丰富感受与体验。

3.以学生宿舍楼"思本楼"为例——

问题是解题的重要钥匙。

万能钥匙有三把：是什么？怎么样？为什么？以"思本"为名，什么是"思本"？怎样"思本"？为什么"思本"？

第一个问题研究"本"的定义，既有本义，又有比喻义。从定义出发思考人的本质属性，其中之一是人的归属意识：家庭、社会、民族、国家，而这个归属意识又必须限定在学生宿舍这个空间范围内。你是这个家庭中的一员，大家和睦相处是因为有共同的归属与责任。

第二个问题是怎样"思本"。因为有归属意识，就应该思考家庭的期望、社会的要求、民族的希望、国家的目标。你在学校里学习、生活、成长，是因为拥有了许多既有、现有、将有的各种条件，应该珍惜，不忘本。

这就是"思本"。

第三个问题是解决"思本"的意义与价值的问题。解决了第二个问题也就懂得了生命的意义，从而确立起正确的人生观与世界观。

以上只是对"思本"的一般性解读。共同生活在一座大楼、一间宿舍，有感情与友谊，大家在"思本"的感悟中各有体验，就可以生成许多动人的故事。

对大楼名字的解读，是在讲道理，是把道理融入到学生的学习与生活之中，引导、启发学生去捕捉细节，发现意义，创造自己的故事。

4. 写作题参考：

（1）楼名的阅读与思考。

（2）楼名启示录。

（3）楼名：我的人生坐标。

（4）大楼给我的文化胎记。

（5）楼名串珠。

（6）大楼宣言。

（7）楼代表谈话录。

（8）导游解说词：楼名的根据与内涵。

（9）一份楼代表的迎新词。

（10）班风与楼风。

（11）大楼：温暖的人和事。

（12）每天登阶，每天攀登。

（13）聚散两匆匆，难忘大楼情。

（14）大楼缘，也是缘。

（15）二十年后回望大楼。

（16）致远楼的窗前剪影。

（17）致远楼深夜的灯光。

（18）致远楼，我心中的精神灯塔。

（19）深夜，致远楼上的星语。

（20）无论走多远，背后都有你的目光。

（21）学会倾听。

（22）一间宿舍一个家。

（23）甲同学认为睡前"思"就失眠了，乙同学认为睡前"思"是静修。请说说自己的看法。

（24）甲同学认为，"怀远"和"怀德"是为了提醒我们不忘"粒粒皆辛苦"；乙同学反驳说，农业都机械化、现代化了，不必这么纠结。请就此拟一份发言稿，在"众言堂"发表自己的看法。

（25）到食堂帮厨，联系"怀远"和"怀德"这两个名字，写一篇"帮厨记"。

（26）设计问卷，到食堂作一次调查，写一份调查报告。

……

校园夜话：在初中部大楼命名仪式上的演讲

最近学校为十六座大楼命了名字。

如果人家问到哪里去找你，你就可以明确地告诉他，我在"日知楼"某某层某某年级某某班上课，对面是学长们上课的地方，叫"慎思楼"。

当别人问及你的学校，你可以自豪地介绍，我们晋江一中有十六座大楼，这十六座大楼的名字各有千秋，蕴含着哲思，隐藏着文化，展现了学校的精、气、神。这里的人，和这些楼的名字一般，充满奋斗之志，满怀博爱之心。

校园主阵地是日知楼和慎思楼，那是教师授课、学生学习的地方。"日知""慎思"，它们都在提醒着大家每天多学一点，每次思考多谨慎一分，做到日知与慎思；如若你需要做实验和研究，探索科学世界的奥秘，求是楼便是你最好的去处；当你想要在书籍的海洋畅游，在知识的天际翱翔，想要穿越古今，贯通中外，就到博贤楼——我们的图书馆吧，博览群书，若求贤人；翔美楼等待着你去放飞美的理想，等待着你在艺术课上展开审美实践与欣赏，培养艺术思想与气质，去感受艺术的魅力，获取艺术的力量。

在校园里，当你课余时间去参加社团活动或者公益项目，大家需要共同协作，求同求和，谐和楼提醒着我们应该如何合作相处，提高工作效益，加固彼此的友情。校园里还有这样的一片天地，你可以表达自己独有的创意与内心的想法，也可以聆听他人的声音，开阔自己的思维和眼界，去感受百家争鸣的场景是多么给人以鼓舞，这片天地我们称为"众言堂"。就算是吃饭的地方，我们也不能忽略了文化的熏陶。吃饭用餐，要怀抱感恩之心，感念世世代代的劳动耕作，牢记中华民族勤劳的性格，珍惜一饭一餐的来之不易，让节俭成为我们的美德，故而，我们分别称两个餐厅为"怀远"和"怀德"。

当你向别人介绍我们的宿舍楼时，同样不能忽略其所包含的文化内涵。这可不是普通的宿舍楼群，而是一栋栋有名字、有精神气息的兄弟宿舍楼，它们分别叫作思本楼、思源楼、思诚楼、思严楼、思勤楼和思毅楼。正所谓木有本，水有源，背叛了生命的本源，不仅会失去生命的底线，还会丧失生命的良善和高贵。"诚、严、勤、毅"是我们学校的校训，遵守校训，就有了求德、求学、求做人的规范，这几栋楼名字的渊源便在于此。孔子曾言"吾日三省吾身"，睡觉之前反思自己的言行，检视自己的思想，有助于发现自身不足，不断提高精神觉悟。

当你半夜梦醒去上卫生间时，你可能会发现远处的一幢大楼还灯光明亮，那是老师们还在灯下备课，在批改作业。为了明天的教学，为了明天同学们的进步和成长，他们在远处守望，在远处为同学们铺好通往希望与成功的道路。所以，教师楼名为致远楼。

同学们，这十六座大楼的命名，倾注了学校热切的期望，传达了学校希望大家了解并不断抵达的精神境界。千万不要小看、轻视这十六个名字，它们的厚重足以让我们学习终身。一定要把这种期望和精神化入学习与生活，不断鞭策自己，提醒自己，严格要求自己，使每一座大楼楼如其名——这需要每一位同学的共识和共同行动。

这里我想讲一个小故事，一次夜话的经过。

平日里我虽然工作繁忙，但依然喜欢挤出时间与同学聊天。记得某次周末一个月朗风清的夜晚，几位同学，小林，小黄，小张，他们坐在石鼓山的一块大石上谈天说地，见我路过，就热情地欢迎我加入他们的聊天。听着他们各种天马行空的话语，我提出了一个话题，请大家谈谈自己的校园，于是就有了这一次夜话——

建一所有哲学追求的学校

小林：原以为这是陌生的一中，没想到一进来就有家的感觉。

我：一中是个大家庭，知道还有多少个小家吗？

小黄：上课进"日知"之家，进图书馆是"博贤"之家，总之，每一座大楼都是我们的小家。更有意思的是在睡眠之家，每天入睡之前，思本、思源、思诚、思严、思勤、思毅，送我们进入睡乡……

我：说得形象而又意味深长。

小黄：我们都是一中的一员，一旦走出校门，在人家眼里你是晋江一中的代表。就好像出国，你的许多身份信息可以忽略不计，人家的第一个印象就是你是中国人，你成了中国人的代表。

小张：在校外我是晋江一中的代表。可是代表什么呢？

小黄：代表一中的"家风"、校风。

小林：不仅如此，你从大楼里出来，慎思楼里的学兄学姐就说，喔，天天有长进，天天是新人，你不愧是日知楼的代表！

我：说得好！所以，一座楼的名字不仅是具有识别性的语言符号，更有藏在语言符号里面的思想意义。学校之所以要为这么多建筑物命名，就是为了营造一个教育大家庭的家风、校风。

小林：家风是家训、家规营造出来的。

小黄：我们学校的家训、家规就是校训的四个"思"，根据就是思本、思源。

小林：我有了一篇口头作文，开头嘛，让我再想想，再想想……

小黄、小张：别卖关子了，快说来听听。

小林：孔子曰，"学而不思则罔，思而不学则殆"。"日知"而"慎思"，思校训，知博学，求贤德，探真理，让美丽的梦想自由飞翔。共处一个大家庭，共协力，互帮扶，得和美，众言堂里各鸣春。学而思，思为怀，老师是标杆，远山呼唤着前程……

小黄、小张、我：好你个小秀才，结合楼名写成了一首诗。

……

同学们，那一次夜话，让我感受颇深。我看到十六座大楼仿佛都在一夜之间活了过来。它们不再是冷冰冰的水泥砖块堆砌而成的建筑物，而是被赋予了高远的使命和实实在在的责任。

我希望在我们这个教育大家庭中，每个人对校园都有自己的畅想，有自己的定义与期待，有一个故事的轮廓，然后用个人的笔触去描画母校的人、事、物——这就是每一个人心中的母校的故事。

思想的黄金：在高中部大楼命名仪式上的演讲

今天，我想就学校建筑物的命名来和大家聊一聊。

大楼有名，目的之一是为了识别。楼有其名，就有了生命。为此，学校在语言海洋里打捞，从经典著作中挑选，让每座大楼的名字里藏有黄金，颇具经典韵味。挖掘黄金，需要动脑筋，花脑力，熟视而无睹，就无法获取至宝。

教学大楼一分为二，又合二为一，名之为"日知"与"慎思"。从这两个楼名当中，你是否发现了蕴藏其中的教育趣味？

我想到了一位大学者，一位伟大的教育家。作为中华民族的文化高峰，他看似可望而不可即，却与大家朝夕为伴，他的思想、语言渗透在大家的日常生活中，潜移默化地影响着大家的学习与成长，他以拳拳之心，穿越时空，诲人不倦："学而不思则罔，思而不学则殆。"

是的，他就是"至圣先师"孔子。"学而不思则罔，思而不学则殆"，孔子很注重学与思的结合。学与思，是客观的知识经验和主观的建构之间的关系。学习了客观的知识经验，经过思考后的整理、加工，融入自己的认知结构，才能内化为自己的知识，深化自己的认知水平。孔子的这两句话，含有深刻的教育哲学思想。

"日知"与"慎思"，两者是辩证的关系。

先说"日知"。学习知识需要哪些条件？我想至少有这样几个：一是有自觉、积极的态度，二是对知识有无穷的渴望，三是持之以恒的意志。没有这些条件，就无法做到"日知"。之所以需要这些条件，有一个重要原因就是知识的无限、无法穷尽。"知"是学习目的，"知"对人生的价值和意义不言而喻。因为"日知"，所以"日新"。

再说"慎思"。思，思考，需要什么条件？一是有思考的工具。大脑里没有词语，缺乏概念，就没有真正意义上的思考。二是有思考的方法。借助词语、概念，形成判断、推理和论证。三是有思考的自觉。也就是有爱智慧的精神，有思考的习惯。除了这三个基本条件，还要理解"慎思"的内涵。首先，人要有自由意志；其次，人的高贵与尊严很大程度上就在于独立思考。独立思考与自由意志使人不被异化为知识工具；通过独立思考与自由意志，我们就能从被动学习走向主动自觉的学习。

最后说说"日知"与"慎思"这一对概念的辩证关系。我们可以试着以培根的名言为例来谈谈。

培根说："知识就是力量。"这句话是一句抽象的表述。你知道培根是在什么时代、什么环境，面向什么对象作出这样的抽象概括？抽象的结果有普遍意义，所以被流传，被应用。但是问题来了：凡是真理都是一种抽象，都只有相对的意义，普遍真理如果不具体化，往往就变成了教条。

知识要成为力量，必须掌握在会使用知识的人手里，会使用知识的人，要把知识转化为思想，要懂得运用思想的力量去学习、工作、生活，否则你只能沦为一个掉书袋和储存知识的仓库。

对培根的名言进行分析，我们可以弄明白知识与思想、思想与实践的关系。它们都是相互依存的关系，既相对又统一，统一的关键是人的自由意志和独立思考，也就是不被知识捆绑，不被自己的思维惯性禁锢，避免成为一个思想僵化的人，应时时思考，事事思考，找寻思想与实践之间的联系，进而找到思维固化的突破口。

我们常常批评有些人读了那么多书，仍然愚昧无知；我们更常常苦恼写了这么多年的作文，获取了大量的知识，却缺乏自己的见解；更常发生的是，说了一大堆话，但人家总是不得要领，甚至丈二和尚摸不着头脑。这种种现象，反映的就是知识与生活、思想的分离。

当今时代，信息铺天盖地，大量的无用信息侵扰大脑，为了减轻脑力负担，我们找到了一条出路：信息概念化。

什么是概念？概念是思维的抽象，抽象的物化就是词语。抽象与具象是一对辩证兄弟，也是难兄难弟，化"难"的条件是互动，既可以把具象化为抽象，也可以把抽象化为具象。这需要哲学修养、哲学方法。

概念抽象出事物的本质。思想只吃本质的营养元素，有如吃甜蜜素，吃氨基酸，吃微量元素，但如果以此充饥，结果会很可怕。这些只能成为辅助，核心主食是不可或缺的。

所以，我们要学会既抓住核心词语、核心概念，又能根据关系、条件，把概念、词语具体化为丰富的思想。这其中，包含了"日知"与"慎思"的丰富关系。

那么，我们在"日知"与"慎思"这两座大楼里生活、工作、学习，可以用这两个关键词的内涵延伸出具体而又个性化的思想：初中生的"日知"与"慎思"有什么特点？高中生的"日知"与"慎思"有什么更高的要求？如何在"日知"与"慎思"中成长？"日知"与"慎思"给自己带来了什么感悟？更深一层是研究性思考："日知"与"慎思"有什么辩证法则？"日知"与"慎思"包含了怎样的认识论？"日知""慎思"包含了什么样的学习心理？……

十六座大楼十六个命名，专门挑出"日知"与"慎思"作为话题，是因为这两个词是核心概念。核心概念高度抽象，抽象的高度越高，外延的广度就越广，其他十四个命名、十四个概念不仅都可以包含其中，而且可以各个自由组合，互通互融，各有思想的黄金，熠熠生辉，彼此映照。

如果你善于挖掘，而且把大楼的名字铭刻于心，又把这些概念内化为自己的思想言行，那么你就是这些大楼的"楼主"。

有感于"我和大楼的故事"征文活动

这一次征文活动，对我来说是一次补课。虽然上大学的时候就学过写作课，但远远不够，参加工作了，还需要利用业余时间不断补课。

教师写教案、写规划、写各种评语和材料，几乎每天都在写作。同学们写作文、写小论文、写各种学习小结，乃至作错题分析，也都是写作的过程。

俗话说，"文如其人"，看一篇文章大致可以了解一个人的思维能力、思想品质，以及他的价值取向和情感态度。文章的这种见证检验功能，恰恰说明个人可以通过写作来实现自我提升和自我成就。

有时候，写作是在经营一个宏大而又复杂的思想情感工程，是在构建一个或真实或虚拟的世界。

就此而言，如何把控文章全局并非易事。

从命题、立意、构思，到布局、谋篇、语言的斟酌、技巧的使用；从写作的灵感冲动，到逐渐地酝酿发酵。个性化写作，既要有独见，又要能产生共鸣、引起认同。

"文章千古事，得失寸心知。"这句话在一定程度上反映了写作的核心命题。文以载道，描画内心，表达诉求，重塑世界。一个人在下笔的同时，已然背负起一个写作者的责任。所以，文章是"千古事"。

既然语言书写与思维训练益处良多，对教师来说，写作自然应该常态化。语言的表达与写作技巧的练成无法一蹴而就，需要阅读与写作练习同行，需要千锤百炼，日积月累。

从这次征文看，突出的问题是语言问题。

大家都不缺乏知识和道理，缺乏的是运用语言的智慧。众所周知的事情，还没完没了地说；一个道理，用统一的句式说，用同一种方式说，语言变得无味、无趣。语言的刻板，反映的是思想的固化。

或许不该把问题归咎于语言本身，而是要思考自己平时是如何学习语言、积累语言和处理语言的。如果未能以思想、情感浇筑语言，语言便可能成为教条和枷锁。

此次征文，可以说也是一次调查。

我们要把写作作为一个学校文化工程，持续推进。争取一年出一本文集，以冀每年登上一个新台阶。

文集《我和大楼的故事》前言

学校的建筑物，我们作了重新命名。

因为新的命名，建筑物有了新的生命。新的生命需要新的阐释。

这些楼名具有丰富的传统文化内涵和现代人文内涵。阅读楼名的过程，是感知其传统意趣和领略其人文内涵的过程。把查阅到的资料和自己的思考、经历融合起来并予以表达，更是丰富认知和提升修养的过程。

书名中的关键词是"我和大楼"。"我和大楼"，"我"是谁？

"我"，首先是学校的教育者。在这一点上，我们可以看到教育者的良苦用心。

一是教育者秉承"学生第一"的办学理念，意欲让教育环境发挥最大的教育功能。

"学生第一"，第一在立德树人。大楼的名称，在学生校园生活中被自然而然地听、说、读、写，这本身就是一个教育的过程。校园人文环境的优化，无疑能在立德树人方面起到一种"润心细无声"的熏陶作用。校园大楼的命名，体现了教育者心怀学子的教育愿景。

二是教育者需要深思大楼功能与命名的契合度。

命名是从无到有的创作过程，难度极大。教育者需要在考虑楼名的教育功能之外，考虑大楼的名称与其本身功能的匹配。这样，不但大楼的名与实契合，彰显其和谐之美，而且使得楼名本身的教育熏陶作用更加显著。教学楼名之以"日知""慎思"，图书楼名之以"博贤"，实验楼名之以"求是"，举此数例，足见教育者命名之用心和用意。

三是教育者需要布局各个楼名，使之构成一个人文系统。

校园大楼林立，它们以各自不同的功能共同构成一个环境系统。同样，各个楼名也需要形成一个系统，这样既体现出系统性和谐之美，也能够使"不同而和、和而不同"的楼名构成教育合力，进而生长成一种教育生态。从"日知"到"慎思"再到"求是"，是一种认知的进阶，从"众言"到"翔美"是一种表达的升华，"思诚""思严""思勤""思毅"则既是校训的嵌入又是立德树人的养成路径。从"认知"到"表达"再到"立德树人"，本身存在内在的联系，是一个更深层的系统。这其中包含了教育者的教育哲学诉求。

"我和大楼"，"我"还是谁？

"我"，在另外一个意义上，还是校园内外的莘莘学子。从本书中，我们可以看到晋江一中学子对大楼有自己的体验与认知。

一是对自己在大楼点滴生活的记录。

记录什么？日知楼楼道里，晨光下的朗读和月色下的沉思；慎思楼的教室里，年段室老师的不倦教诲与谆谆告诫；求是楼栏杆边，和同桌一起指点江山；众言堂里，畅所欲言的自我表达与针锋相对的激烈辩论……当然，还有和上铺的兄弟卧谈未来，和闺蜜在怀德楼大快朵颐，等等。这一切的体验，是每位学子成长的印记，是自己无可替代的青春故事。

二是自己对楼名的独特阐释。

除了古书上的意义，我们还看到了同学们以自己的思考阐释楼名，有的甚至质疑某栋大楼名与实不匹配，自己干脆为大楼重新命名。从中我们看到了新一代人敢于质疑的精神和独立思考的习惯。

三是自己对楼名的现实意义的深层思考。

有的学子把"日知"置于"浅阅读"的现象中去思考，有的把"翔美"放入"以丑为美"的现象中去辩驳，有的把"思诚"与"诚信缺失"的现象相联系作深入探讨……以楼名所包含的真善美的元素作为思维工具，去分析社会发展过程中出现的各种不良现象，彰显了同学们的现实关怀与有所担当的社会责任感。

我们欣喜地看到，教育者之"我"与学子之"我"因大楼、因大楼名称所蕴含的精神，而最终融汇成一个充满德性与人性光辉的大写的"我"！这大概就是汇编本书的更深的意义之所在吧。

文集《我和大楼的故事》后记

一所学校，一般都有教学楼、宿舍楼、办公楼、食堂，但不一定每所学校都给这些建筑取了名字。

我们拥有慎思楼、思源楼、博贤楼、怀德楼。有了名字的大楼，它们不再沉默不语，在日光里，在月华下，它们热诚地守护你、深情地看着你，告诉你校园对你的期许，告诉你所有师者对你的期许。它们期待你一生诚、严、勤、毅，严格要求自己；期待你读万卷书，行万里路，成为最卓越的你；期待你在艺术的天空翱翔，在音乐的世界放飞自己的心情；期待你在一生里始终和艺术交朋友，不要活得蝇营狗苟；期待你与先贤交心，与他们的心志同在，同时努力活在当下，活出自己。千言万语，都化在这些意蕴丰富、具有昭示意义的楼名里。

我想，多年以后，当你再谈起日知楼，你一定会想念这样一段日思日进日知的单纯岁月，因为它在你的人生里显得那样的难能可贵；当你日后陷入困境深觉孤立无援的时候，也许博贤楼会重现在你眼前，让你想起同样出身的校友们，顿时生发出信心与希望，决不放弃；你或者香宝名马或者功成名就，或者平凡知足或者默默无闻，但我同样相信，在思源楼里待过的你们，在怀德楼里吃过饭的你们，在心底，在骨髓深处，一定是一样的人，怀旧，不忘本，实事求是，兢兢业业，践行"爱拼才会赢"的人生哲学。我相信，这是校园文化熏陶与浸润的结果，是每一个楼名的意义之所系。

当然，这些楼名，也意味着，在这个瞬息万变的时代能够为你留住一个实在的过往，为你留住一段温情的记忆。

我们不能让无情的时光将这校园里的有情岁月淘洗殆尽，不能让这温暖的大楼里的人与事慢慢变得模糊，以至于消失了踪影。

我们希望，这些温暖而实在的楼名，为你打开一扇又一扇记忆的窗，让你窥见里面尽管发黄却依旧静好的旧时光。

我也明白，多年以后也许你已经忘记了慎思楼里老师讲授的甲乙丙丁，但一定会记得青葱岁月里的汗水与付出；也许你忘记了读过的书、写过的字，但你一定会记起博贤楼里的书香；也许你忘记了最亲爱的同桌的名字，但你一定记得起谐和楼里一起挥洒的青春……

名正则言顺，则事成，则礼乐兴。有了名字的大楼，也有了自己生命，在我们每一个人的心里，生生不息。

附：师生作品举隅

细品"众言堂"

语文组　庄丽蓁

为楼命名，犹如为人取名。

有了名后，楼被赋予了内涵，人被寄予了期许和厚望。

当初第一眼看到"众言堂"这块牌匾时，心想，所谓"众言"，当是众说纷纭之意吧，可仔细一思量，又觉得以"众言"来为学校这座最大的建筑命名，绝不是为了众说纷纭式的嘈杂，当是为了倡导百家争鸣、言路广开的风气吧。

那么，到底什么是"众言"呢？我想，这里面既包含了作为一所学府应有的兼容并蓄的学术氛围，也包含了言者大胆发声的勇气、坚守自我的信念，以及捍卫自由的精神。

首先，拥有兼容并蓄的气度是一所学府，乃至一个时代所不可或缺的。

自古以来，学术的繁荣发展，乃至时代的文明进步，都离不开"争鸣"。因为真理只有在各种意见展开"自由而公正"的对话中才能产生，发展。英国诗人弥尔顿就曾说过："让真理和谬误交手吧，谁见过在自由而公正的交战中，真理会一败涂地呢？"放眼历史，无论是在"不治而议论"的稷下学宫，还是在近代以"思想自由，兼容并包"为宗旨的北大，虽然挣扎在剧烈的社会震荡中，喘息在历史的夹缝中，却获得了其他时代所少有的思想和学术的自由。

同时，除了营造"众言"之氛围，提供"众言"之平台，还应该培养言者敢言、能言的气魄。而归根结底是陈寅恪先生所倡导的"独立之精神，自由之思想"。著名历史学家雷海宗说："中国知识分子一言不发的本领在全世界的历史上，可以考第一名。"但是，很多人并不明白，或不愿承认，这种"一言不发"其实是一种没有自我的盲从，有时甚至是无法坚守自我的妥协！昔日的鲁迅先生对"沉默"深恶痛绝。因为对于知识分子而言，放弃发声，便意味着对黑暗与不公的无视，对知识与时代的背叛，这是一种罪恶！

学校是未来知识分子的摇篮。当我们不遗余力地致力于"塑造精英"时，不能忘了眼前我们所面对的首先是一群有血有肉的人。"塑造"只需要一条流水线，而人之性灵则需用心"涵养"。试想，一个丧失了独立人格与自由灵魂的人，如何算得上"人"呢？

因此，"众言"更当培养言者自由之品质与精神。只有如此，他们才能肩负起坚守这个时代的精神堡垒的重担，同时绽放属于他们自己的价值光芒。正如哈佛大学校长德里克·博克所言："以千百年的眼光看，能给我们的文明留下最永久性印记的，毕竟不是将军和总统，也不是为他们出谋划策的专家们，而是那些最纯粹的知识分子……"

当然，我个人以为，"众言"应该还传达出一种精神——虚心聆听，海纳百川。

学会倾听，是为学者的一种能力。只有虚怀若谷之人，才能虚心聆听；也只有善于倾听的人，才能真正做到圣人之所言，"择其善者而从之，其不善者而改之"，从而不断完善自我。这是一个立志终身学习的人所必备的。尤其在人声鼎沸的当下，愿听、会听、善听，才能于嘈杂中觅得一缕梵音，让自己走得更远。

或许，"众言堂"这三个字的背后，还有许多耐人玩味的深意，且待日后慢慢品来。

42 步

语文组　杨小梅

新的学年开始了，教学楼有了新名字："日知楼"和"慎思楼"。

月考后，有一天晚自习结束，副班长快快地来到年段室，月考似乎给了这个勤奋的小朋友不小的打击。

"老师，路遥知马力，日久见人心，对吧？"

　　　　　|　　建一所有哲学追求的学校

我点点头。

"我觉得，'日知'也可以这样理解。"她腼腆地笑了笑，"虽然说'日知'可以理解成每天都能知道一些新的知识和道理，可是我觉得学习跟坚持是分不开的，学习是一段很长远的历程，时间越久越能考验一个人。"她沉默了一会儿，又说："我觉得我现在特别需要坚持不懈。"说完，她偷偷吐了一下舌头，做了个鬼脸。

我默默在心里给她点了个赞，对她说："学习是需要坚持，也需要智慧。你看，'日知'两个字不是可以组成一个'智'字吗？李祥老师不是经常跟你们说'静能生慧'吗？只有静下心来才能认真思考，才能有所领悟。从'日知楼'到'慎思楼'这段走廊不长，走几步路就到了，但对你来说却是从初中到高中的成长。这段成长之路要靠智慧和恒心才能顺利走完。"

她若有所思地点了点头，很认真地说了声"谢谢"。

"老师，老师……"隔天第四节语文课下课后，她喊住了我，我回过头看着阳光明媚的她，不晓得她在高兴什么。

"老师。"她突然凑近了过来，一副神秘兮兮的样子，"你知道从日知楼走到慎思楼要走几步吗？"

"30步左右？"

她摇摇头，露出得意的神情："不对不对，老师，我今天特意走了一遍，认真数过了，整整有42步呢！"

我哑然失笑，每个人的步伐大小不同，因此每个人走的步数都可能有所不同。但是，看着她调皮的笑容，我不想反驳她。

"老师，"她换上一副严肃的表情，"我知道我的智慧可能还不够，因为我是一个平凡的孩子，从小我就不是特别聪明，反应也没有别人快，我靠的是更多的努力。这次月考没考好，但是你要相信我，我一定会进步的！初一的时候我很羡慕高中的学兄学姐，我以后一定要成为学弟学妹学习的对象！我对自己有信心，这42步，我用三年的时间一定走得到，到时候你一定能在慎思楼看到我的。你对我有信心吗？"

"当然。只要你努力了，就一定行的。"我笑着祝福她。

她蹦蹦跳跳地走了，步履轻快，突然又转过身对我挥挥手，背后的阳光格外明亮。

爱默生说："智慧的可靠标志就是能够在平凡中发现奇迹。"很多孩子都看似平凡，可他们身上往往能发生奇迹。

脚步可以丈量两栋楼之间的距离，也可以丈量你追求的历程、努力的程度。亲爱的孩子，我祝福你！

智从日知来
2016级初一　李元凯

"三更灯火五更鸡，正是男儿读书时。黑发不知勤学早，白首方悔读书迟。"读小学时，唐代书法家、诗人颜真卿笔下的《劝学》让我明白少年时代应当发奋读书，否则等老了再想读可能就迟了。

进入中学，我所在的班级位于日知楼的四楼。子夏曰，"日知其所亡，月无忘其所能，可谓好学也已矣"。这句话，让我懂得了每一天都要勤奋学习，攀登知识高峰。

我们的校园，坐落于历史悠久的晋江青阳石鼓南山，在家喻户晓的五店市旁，是一座朝气蓬勃的美丽校园。我们班所在的教学楼，与高中部的教学楼连在一起。下课时，走廊上总是洋溢着同学们的欢声笑语。每当上课铃声响起，整座楼便安静了下来，弥漫着世外桃源般的气息，不一会儿又响起一阵阵朗朗书声或曼妙的歌声。

我喜欢这种浓浓的学习氛围，"日知"离不开勤学。也正因为如此，我不时想起学校校训中的"勤"字。

九月下旬，我代表晋江参加泉州市第十届运动会的篮球赛。离开学校的第一天，和一帮球员兄弟们住酒店、吃大餐、集训、嘻嘻哈哈、热热闹闹，暂时逃离了繁重的课业，感觉自己过上了篮球明星的生活。

可是，夜深人静的时候，心里生出隐隐的不安："等打完比赛，我还跟得上同学们的学习节奏吗？日知日知，我能一日不知吗？"

第二天，我让爸爸把我的书包送过来。在比赛的日子里，我每天抽出时间温习功课，有时还打电话找同学问作业。当球队喜获亚军而凯旋时，我也迎来了第一次月考。

考试成绩出来了，我进入前一百名，这给了我极大的鼓励和信心。看来，我一边参加比赛，一边找时间学习文化知识的苦功没白费。是啊，每天学习一些新知识，每月小结一下学过的旧知识，任何时候都要勤学，这就是"日知楼"传递给我的启示啊！

日知为智，得静为慧。在这求知、得慧的殿堂里，我将记录下我的青春，我的中学生活。

（指导老师　吴雅蓉）

"日知"之思

2014级高二　黄清蓝

当一个冰冷的事物被赋予了名字，那么它就不再那么冰冷。就像一栋钢筋水泥建成的大楼被赋予名字后，就不仅仅是一座冰冷的楼房，而是一座有了生命、有了温度、有了精气神的大楼。任何事物都不会是枯燥的，也不应该是枯燥的，因此，对于陈校长所阐释的"我和大楼"的理念，我十分认同。

印象最深刻的，就是教学楼的名字——"日知楼"。

知道教学楼有个名字叫"日知"，是在和同学吃完饭走回教学区的时候。第一次看见"日知"，我对它的解读很简单，就是每天知道一点点，也是从字面意思去理解的，认为这个命名的确很适合教学楼的含义。后来，听了校长对于这些建筑名称的解读以后，似乎对它们的寓意的理解更加清晰了一点——对"日知"的认知，不再局限于表面，明白了"日知"不只是知识的积累。

当今社会，越来越多的人处于忙碌之中，无论是学生还是上班族，每天的快节奏生活都让人鲜有喘息的机会，似乎一停下来就会马上被别人赶超，然后渐渐地被大部队甩开。所以，每个人都不愿意停下自己的脚步。

在这个意义上，对于学生而言，"日知"是一个很好的成长理念和学习理念。

第一，"日知"，即自觉。学习主要得靠自己的自觉性，倘若是被动地学习，便有局限，亦会觉得很累。自觉，主动，是学习知识的重要心理条件。对于这一点，我想作为高中生我们都感同身受吧。自觉学习，就不需要老师总是跟前跟后地催作业、催预习、催复习，反之，一切都需要他人的监督、催促，那么，学习便成为一种负担——既是自己的负担，也是别人的负担。

第二，"日知"，即思考。有了积极、自觉的学习态度，主动学，愿意学，对知识便会产生无穷的渴望，对学习总抱有一种热情，学而不厌，不知满足。当然，书读得多并不意味着知识会随之越来越丰富。正如伏尔泰说过的："书读得越多而不假思索，你就会觉得你知道得很多；而当你读书而思考得越多的时候，你就会越清楚地看到，你知道得还很少。"对知识的渴望固然重要，但同时不能忘记思考。对此，数学老师对我们的要求是最多的。大多时候，我们都自信地认为明白了某一个知识点，但实际运用起来却未能得心应手，这不仅是因为缺乏实践，也是缺少思考所引起的。

第三，"日知"，即开放。知识是没有国界的。对于任何优秀文化，都应该尝试着去摸索，不能将自己的知识水平、学习品质局限于成绩的提高上。此外，交流也是十分重要的，多交流，善于交流，跟不同年龄、身份、兴趣的人交流，往往可以实现"1+1＞2"的学习效果，不仅可以增加知识储备，还可以扩展视野、拓展思维。

第四，"日知"，即意志。有了前面的三个前提，再加上"意志"，也就是做到了持之以恒，那么他的知识水平、眼界将会不断抬升。意志经常要面对各种诱惑的考验。所以作为我们高中生来说，就是要认准学习这一最主要的目标，坚持不懈，同时还要克服各种诱惑的干扰。这都需要学习的意志发挥作用。

（指导老师　庄清海）

| 建一所有哲学追求的学校

攀 登

2015 级高一　丁灵杉

　　高中部教学楼取名为"慎思楼"。被赋予了生命的它，就如同一座知识的宝塔。我每天登阶，每天都在攀登，不断抵达新的高度。

　　"慎思"出自《中庸》里的话："博学之，审问之，慎思之，明辨之，笃行之。"博学，审问，慎思，明辨，笃行，最终才能达到人生的理想境界。在这一过程中，"慎思"如同一座分水岭，若是顺利地跨过去，便可以向更高的境界发展。"慎思"就是要谨慎地思考，深刻地思考，多角度地思考。

　　那么思考的对象又是什么呢？第一层次，概念的思考。一个词，一个句子，一样事物，在我们的脑海中，都有它们的基本形态——它们的本质是什么？它们又各有什么含义？这是第一层次的思考。第二层次，对于意义的思考。每种事物都有存在的意义，语言文字存在的意义是传播知识，传承文化。楼的存在又是为了什么？一座大楼，一座有名字的大楼，它的意义又何在呢？第三层次，思考如何客观地看待事物。当我们有了自己的意识，就要思考如何正确地、客观地看待各种事物。只有这样，才能明辨是与非，继续人生理想境界的探求之路。最后要思考的，便是目标。思考能帮助自己建立正确的人生观。有了独立的思考，就不会随波逐流，不至于成为世俗的傀儡。

　　在这座大楼中学习，每天都受到"慎思"二字的熏陶，慢慢地学会了独立思考，解放思想，发展自由意识。

　　记得第一次踏入慎思楼，我心里想：哪怕是为了以后的一份好工作，也要努力。看了国内首位诺贝尔医学奖得主屠呦呦先生的专访，作为"三无"科学家，在获得拉斯克奖后，她仍秉着"只想老老实实做学问，为国家科学事业做贡献"的态度，潜心研究。那时，一种深深的敬意油然而生。

　　当我再次走进慎思楼，我对自己的人生目标有了新的思考。我当然要为自己的前途而学习，以后过上高质量的生活——这种高质量，不止于物质，更在于精神、信仰，它包含了两个意思：满足小我，成就大我。这两个意思，又是相互作用的。

　　慎思，慎思。每天登阶，每天都在攀登。在慎思楼的攀登，是对理想人生境界的不断靠近。

（指导老师　庄红红）

一张卡纸

2016级初一　魏汉林

美是外表，体现了人的优点；美是内心，表达了人的品格；美是细节，凸显了人的优雅。

我有这么一位同学，大家都喜欢叫他"元芳"，可能是因为他的名字读起来与之比较相似吧——反正这个特殊的名字成了他的昵称。他长着一头乌黑的头发，眉宇间一股浓浓的淳朴气质。

上个月，他的脚韧带撕裂，走路不得不拄着拐杖。我们的教室在翔美楼四层，对他来说，每天上上下下可不是一件容易的事。作为一个"富有同情心"的人，我可不会坐视不管。只要遇见他，我都会伸出援手，帮着他上下楼梯。

那天，我和他在楼下相遇。我照例扶着他一起上楼。当走到三四楼间的那个转台时，只见一张皱巴巴的、被涂鸦过的卡纸躺在台阶上。

我有意无意地避开这张被丢弃的卡纸，可"元芳"一眼就看见了它。他拍了一下我的肩膀，扬了扬下巴，示意我地上有废纸。

我不解地问："怎么了？这纸有问题吗？"他的额头微微一皱，看着我说："把它捡起来吧！扔进垃圾桶总比在这儿破坏美观好。"

我不假思索地说："呀！不就一张皱卡纸吗？总会有人来清理的。"

"我们这楼，叫翔美楼呢！"他一边说着，一边艰难地弯下腰，捡起了那张纸，独自一人上了楼。

一时间，我忘记了自己应该扶着他一起上楼，愣了一下后，赶快追了上去……

（指导老师　鲍国富）

　　|　　建一所有哲学追求的学校

博贤楼

2014 级高二　郑玲

教学楼的对面，有一栋低调的建筑物，它就是我们的图书馆，名字叫作"博贤楼"。

何为"博"呢？

"博"即博学，渊博。读万卷书，行万里路。在博贤楼里面，井井有条地陈列着大大小小的书柜，书柜里，静静地躺着各类书籍。这些书籍及其所蕴藏的伟大思想和优美语言，哺育了一代代的学子。如果说图书馆是知识的海洋，那么我就是这大海中的一条小鱼，自由自在地遨游，尽情地领略大江大河所汇聚起来的世界，收获无尽的启迪和无穷的力量。

这个"博"字，正是学校对我们的一种期盼。

而"贤"字，又何尝不是如此呢？

看到"贤"这个字，我首先想到的是圣贤孔子，刚好，博贤楼一楼的大厅，就立有孔老夫子的塑像。孔老夫子的道德修养和思想境界，正如《诗经》所言，"高山仰止，景行行止"，吾辈"虽不能至，然心向往之"，努力做一个"现代君子"，一个合格的现代公民，也就是做一个有正确的道德观念、对社会负责并有所贡献的人。

在博贤楼，不管是中午还是傍晚，总会有一群怀揣着梦想的少年在安静地看书，有时他们会到连接着图书馆与科学楼的那条小路漫步，那悠闲的步子，和正午的阳光、绯红的晚霞，构成了独特的校园风景线。

或许，我们的心灵深处有一首美丽的童谣，希望在纷乱扰攘、嘈杂不安的生活中葆有一份灵气与宁静。或许，我们的灵魂世界有一处美丽的家园，希望在物欲横流的世界里存留一个纯真的梦想；或许，我们的思想内部有一颗智慧的种子，希望在光阴似箭、岁月如梭的宇宙间固守一块精神的土壤……

图书馆，博贤楼，我们的身心，都可以在此休憩。

（指导老师　庄丽蓁）